Isenberg · An Bord leben

Planung
Ratschläge
Praxis

Hans G. Isenberg

An Bord leben

Das Handbuch für Fahrtensegler

Pietsch Verlag Stuttgart

Einbandgestaltung: Siegfried Horn

ISBN 3-613-50038-8

2. Auflage 1992
Copyright © by Pietsch-Verlag, Postfach 10 37 43, 7000 Stuttgart 10.
Ein Unternehmen der Paul Pietsch-Verlage GmbH & Co.
Sämtliche Rechte der Speicherung, Vervielfältigung und Verbreitung sind vorbehalten.
Satz und Druck: Bosch-Druck GmbH, 8300 Landshut/Ergolding
Bindung: Großbuchbinderei E. Riethmüller, 7000 Stuttgart 1.
Printed in Germany.

INHALT

TEIL 1

AUF DER SUCHE NACH DEM PARADIES

Gibt es das Paradies auf Erden? Viele Menschen erhoffen sich ein glückliches Leben auf dem Wasser. Früher oder später möchte wohl jeder Mensch einmal aufs Meer hinausfahren oder in einer stillen Bucht mit sich allein sein.

Tatsächlich findet der Mensch seinen Seelenfrieden an Bord einer Jacht. Größe und Komfort sind wirklich zweitrangig. Was zählt, ist die richtige innere Einstellung zum Leben auf dem Wasser. Uschi, unsere zwei Kinder und ich segeln seit zwanzig Jahren. Bevor wir uns ein Auto leisten konnten, »verunstaltete« eine leicht verrottete Wanderjolle ein paar Quadratmeter Garten unseres Vermieters. »Ein Segelverrückter« meinte die Nachbarschaft. Vielleicht denken Sie auch so darüber. Trotzdem oder vielleicht gerade deshalb lebt meine Familie immer noch mit dem verrückten Segler zusammen.

Wer sich mit 22 Jahren als Motorsport-Reporter selbständig macht und Weib, Kind und das Segeln damit finanzieren muß, hat ein gestörtes Verhältnis zum normalen Berufsleben, meinte die Verwandtschaft. Zu meiner eigenen Überraschung haben wir auch nach einigen schwierigen Jahren immer noch Spaß am Segeln. Fahrtensegeln ist für uns zur Lebensform geworden, die nachvollziehbar ist, und manchmal sogar paradiesische Gefühle in uns entwickeln kann.

Bergsteiger kennen diese Gefühle, und Segelflieger. »High« sein mit sich und seiner Umgebung ist auch ohne Drogen jederzeit möglich, wenn die Regularien stimmen.

Hier scheiden sich die Geister. Die »wilden« Segler jagen hinter immer neu abgesteckten imaginären Zielen her. Für sie kann zumindest am Stammtisch nur ein Jahrhundert-Sturm die Erfüllung auf dem Wasser bedeuten. Solche Zeitgenossen sollten beizeiten ihr Seemannsbegräbnis organisieren.

Regattasegler sind ganz anders motiviert. Kühle Köpfe, ingeniöses Denken und ein Schuß Abenteuer zeichnet sie aus. Was ihnen fehlt, ist die innere Ruhe. Fahrtensegeln kommt ihnen erst im Alter in den Sinn, dann ist es manchmal schon zu spät.

An Bord leben bedeutet mehr. Richtig segeln gehört dazu, aber auch richtig lang an einem Ort entspannen. Dort, wo der Anker fällt, bin ich zu Hause. Nur an Bord leben ist für uns nicht genug. Ausgedehnte Landausflüge verhindern die Isolation, in die sich manche Fahrtensegler freiwillig begeben. Das ist gefährlich. Die »totalen Aussteiger« sind oft verbitterte Menschen, die weder mit sich noch mit ihrem Schiff zufrieden sind. Der Hafenmeister scheucht sie aus der neuen Marina, die Polizei schikaniert sie mit scharfen Kontrollen, und die eigene Bordkasse demütigt täglich. Ist das ein paradiesisches Leben auf dem Wasser?

Nein, wer erfolgreich aussteigen will, braucht auch an Bord einer preiswerten Segeljacht recht viel Geld und muß eine Menge können. Aussteigen auf Zeit, für einige Monate an Bord leben, das ist etwas ganz anderes. Ein Leben, wofür es sich lohnt, kräftig zu arbeiten. Dazu wird das Buch Ihnen eine Hilfe sein.

KOMMEN SIE AN BORD

Können Sie sich vorstellen, daß ein bedeutender Industrieller mit einem Jahreseinkommen von weit über einer Million Mark wochenlang auf einer kleinen Segeljacht lebt und mich um einen Liter Motoröl für seinen Dieselmotor fragt? Einige prominente oder gut situierte Persönlichkeiten sind leidenschaftliche Fahrtensegler.

Wirtschaftsminister Bangemann baute sich eigenhändig ein sehenswertes Schiff und ging damit auf große Fahrt. BMW-Chef von Kuenheim umkreist

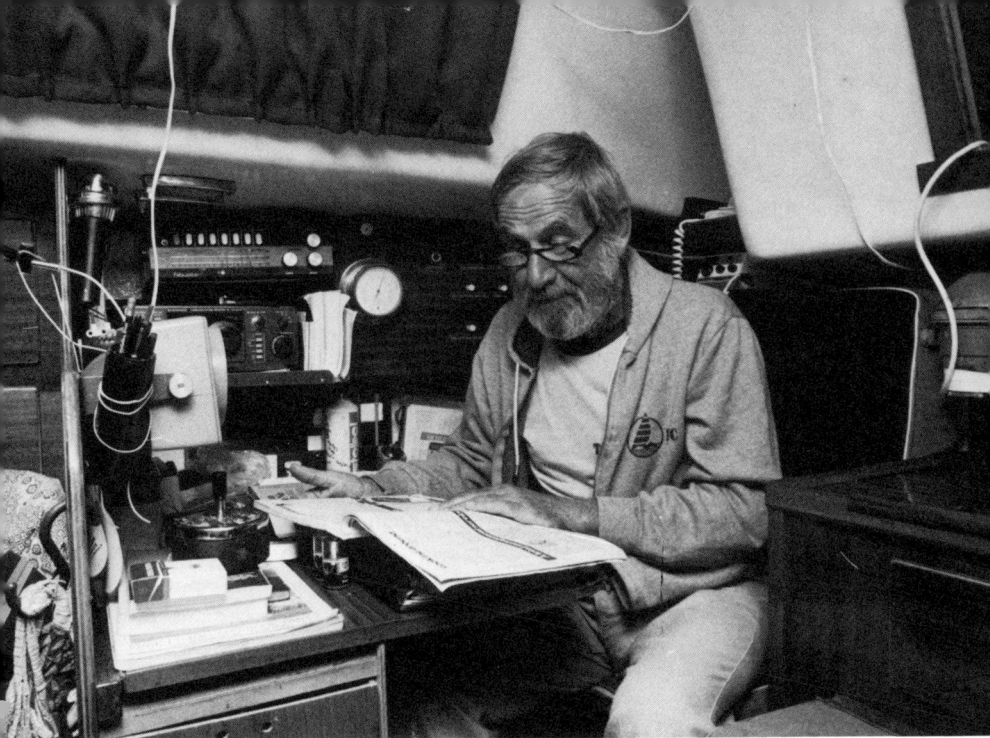

Bill und Gerda Eckert vertauschten das oft kalte kanadische Toronto mit dem warmen Mittelmeer. Ihr Zuhause ist eine Contest 30. Ein glückliches Rentner-Ehepaar

die Balearen mit seiner blitzsauberen Ketsch. Klassikliebhaber können wohl Herbert von Karajan's Segelbegeisterung kaum verstehen. Dabei hat Reno Kollo zum Beispiel auch eine der schönsten Jachten am Mittelmeer. Rockstars wie Eric Clapton, Rod Stewart, Jay Springstern segeln monatelang in der Karibik. Schnelle Formel 1-Rennfahrer vertauschen das Lenkrad ihrer 320 Kilometer schnellen Asphaltboliden mit einem knapp 20 Kilometer schnellen Segelboot. Am Fahrtensegeln muß schon etwas dran sein, sonst würden solche verwöhnte Menschen sich nicht aufs Wasser begeben.

Nachgefragt bekam ich ganz Interessantes zu hören: »Auf meinem Boot brauche ich endlich keine Rücksicht auf das Protokoll zu nehmen, hier bin ich Mensch und Segler« (Ein früherer Verteidigungsminister). »Auch als Industrieller braucht man das Gefühl etwas mit eigenen Händen richtig zu tun, beim Segeln merke ich sofort, daß ich noch eine Menge lernen muß« (Großindustrieller mit 12 800 Mann Belegschaft). »10 Monate im Jahr kotzt mich die Firma an, dann brauche ich zwei Monate zum Regenerieren, dafür gibt es nichts besseres als Segeln« (Vorstandsvorsitzender eines großen Elektronikkonzerns).

Fahrtensegeln kann jeder. Die Standesunterschiede sind in teuren privaten Marinas noch spürbar. Am ruhigen Ankerplatz, fernab der geschäftigen Zivilisation aber trinkt der Million-Dollar-Mann zusammen mit dem Kumpel Egon aus Duisburg Rotwein aus der vier Liter-Flasche. Gespräch von Mensch zu Mensch oder von Segler zu Segler. Das ist kein Illustriertenroman für Lieschen Müller, sondern die reine Wahrheit. (Ein Glück, daß die Kollegen von der Yellow Press das Thema noch nicht entdeckt haben.)

Körperlich nicht ganz gesunde Menschen haben an Bord gute Chancen zur Genesung. Behinderte finden Anschluß und Freude beim Mitsegeln. Blinde konnten nach wenigen Tagen eigenhändig ein Schiff steuern. Selbst querschnittsgelähmte Rollstuhlfahrer sind allein von Südafrika nach Amerika gesegelt! Fahrtensegeln ist kein Hochleistungssport. Wer früh damit anfängt, wird auch im Rentenalter sein Leben an Bord noch genießen.

WIE SCHAFFE ICH DEN ABSPRUNG?

Je älter Sie werden, desto schwieriger wird Ihnen diese Entscheidung fallen. Wer jung ist, geht größere Risiken leichter ein. Wenn Sie erst einmal monatlich ein paar tausend Mark Abzahlungsverpflichtungen haben, kann Ihnen das Hobby-Fahrtensegeln einfach zu teuer sein.

Schließlich haben Sie Ihr neues Haus abbezahlt, die Kinder sind erwachsen, und Sie fühlen sich gesund. Sie kaufen sich ein neues Schiff und fahren los auf die Reise um die Welt. Ein Vierteljahr später steht dann in der Fachzeitschrift Ihre Annonce: »Wir müssen aufhören, unser Traum ist zu Ende. Fahren Sie weiter mit unserem 13-Meter-Schiff, das uns sicher über den Atlantik gebracht hat. Chiffre 789«. Liebe Bekannte von uns, aber einfach schon zu alt und gebrechlich für eine Reise um die Welt.

Im Mittelmeer hätte das sechzigjährige Ehepaar seinen Traum erfüllen können. Unabhängig von Geldsorgen, nur zwei Flugstunden von der Heimat entfernt, verleben viele Rentner einen schönen Lebensabend dort. Wer als Rentner den Absprung schafft, ist zu beneiden, das sind für mich die glücklichsten Fahrtensegler, die wir getroffen haben. An Bord leben bedeutet nicht den Ausstieg aus der Gesellschaft. Das kann ein Vier-Wochen-Urlaub oder ein halbes Jahr bedeuten.

Wir steigen jedes Jahr zwischen drei und neun Monaten lang aus dem normalen Berufsleben aus. Auch als selbständiger Journalist ist man nicht unabhängig. Ganz im Gegenteil. Verträge müssen termingerecht erfüllt werden. Kein Verlag arbeitet mit unzuverlässigen Geschäftspartnern über Jahre hin zusammen. Für mich ist deshalb eine genaue Terminplanung so wichtig wie das Geldverdienen.

Ohne die übliche Redaktionshektik lassen sich Zeitungsberichte und Buchmanuskripte an Bord angenehmer schreiben. Dafür richte ich mir ein Postfach im Ausland ein. Eine verlässliche Kontaktperson zuhause dirigiert die wichtige Post rasch um. Nur so bleibt der Kontakt zum Beruf erhalten. Das hört sich alles ganz prima an. Der Haken an der Sache sind die Honorare. Verkauft der Buchhandel meine Bücher schlechter als erwartet, haben wir monatelang nichts mehr zu beißen.

Meine Familie trägt ganz bewußt dieses Risiko mit. Sie muß vom Fahrtensegeln überzeugt sein, sonst würden wir familiären Schiffbruch erleiden. Man kann die Familie nicht mit einem Segelboot aushungern. Ohne Geld in der Bordkasse ist Segeln frustrierend, trotz der schönen Umgebung und so vielen netten Leuten um Sie herum.

Deshalb müssen Sie und ich die Regularien immer wieder neu abstecken. Je früher Sie den Absprung für ein paar Monate schaffen, desto mehr Freude werden Sie später wieder an ihrem Beruf finden. Für mich ist das fast so wichtig wie das persönliche Zusammengehörigkeitsgefühl, das meine Familie auf dem Boot hat. »Wir sitzen alle in einem Boot« das ist spürbar.

Als Beamter können Sie sich einige Monate freistellen lassen. Für Lehrer sind Studienaufenthalte im Ausland sogar erwünscht. Als Werbeberater sollten Sie einige Monate in Amerika verbringen. Warum nicht an Bord einer Jacht? Als Manager sind Sie geradezu verpflichtet, ein paar Jahre im Ausland zu arbeiten. Die Beispiele könnte ich beliebig fortsetzen. Zwischen den neuen Verpflichtungen läßt sich ein kürzerer oder auch längerer Bootsurlaub einschieben. Sie fangen eine neue Stelle an. Weshalb machen Sie vorher nicht drei Monate Urlaub auf einem Boot? Das kostet Sie oft weniger als das Leben zu Hause.

Von der Wertminderung ihres Drei-Liter-Wagens können Sie bequem ein paar Monate an Bord leben und brauchen zudem nur ganz wenig Sprit. Ihre neue Wintergarderobe kostet mehr als zwei Monate Segelferien in der

Karibik. Warum können sich immer mehr Rentner einen schönen Langzeiturlaub im sonnigen Süden leisten? Weil sie dort keine Heizungskosten haben, keine neuen Wintermäntel und teure Lebensmittel einkaufen müssen. Die Wintermonate sind die teuersten Monate in Deutschland. Warum gehn Sie nicht segeln?

DIE FRAU GEHÖRT AN BORD

Viele Seglerfrauen wurden von ihren Männern aufs neue Boot gezwungen. Die Entscheidung: »bleib daheim oder komm mit an Bord« ließ ihr keine Chance. Welche Frau verläßt schon gern freiwillig ihr gemütliches Heim im Tausch zu einem viel weniger bequemen Segelboot? Vieles, was Frauen mehr schätzen als Männer, bleibt an Land zurück, wenn die Fahrt beginnt. Ich bin recht egoistisch veranlagt und hatte, im nachhinein betrachtet, mehr Glück als Verstand, daß ich mich mit meiner Uschi auch nach 23 Jahren Ehe und 22 Jahren Segeln immer noch sehr gut verstehe.
Uschi hat uns beiden die Sache leichter gemacht. Von Anfang an wollte sie die gleichen navigatorischen Fähigkeiten besitzen wie ich. Tatsächlich hat sie alle Segelscheine früher als ich bestanden. Mir waren Segelscheine unwichtig. Was zählte, waren die seemännischen Kenntnisse, die auch ohne Segelschule erlernbar sind. Von sich aus wäre Uschi wohl nie zum Segeln gekommen. Sie ist mit Sicherheit keine fanatische Seglerin. Was hält sie dann an Bord?
»Die sinnvolle Freizeitgestaltung, die Unabhängigkeit, mit der wir die Welt bereisen, das »auf sich selbst angwiesen sein«. Segeln fordert mich und gibt mir das Gefühl, etwas geleistet zu haben. Segeln hat uns gemeinsame Erinnerungen gebracht, auf die ich nie wieder verzichten möchte. Fahrtensegeln erfordert von mir mehr Toleranz als zu Hause. Manchmal ist Segeln auch wie ein böser Traum. Segeln ist für mich immer mit Arbeit verbunden. Lange Atlantiktörns sind für die Bordfrau Schwerarbeit. Frauen müssen oft an Bord mehr arbeiten als die Männer – und trotzdem gefällt mir Segeln eigentlich immer besser.«
Der englische Segeljournalist Jimmy Cornell hat 40 Fahrtenseglerinnen über ihr Leben an Bord einer Segeljacht befragt. Alle lebten wenigstens ein Jahr auf ihrem Schiff und konnten auf mindestens 5 000 Seemeilen

Ohne persönlichen Freiraum funktioniert das Langzeitsegeln nicht. Der Skipper hat Küchendienst, Uschi hat Zeit für ein gutes Buch. Die Kinder kaufen frisches Gemüse ein

Erfahrung zurückblicken. 25 davon waren an weiteren großen Törns interessiert. Alle acht Frauen mit fünf- bis 13jährigen Kindern wollten weitersegeln. Bei den 15 vom Segeln enttäuschten Frauen lebte eine schon neun Jahre auf dem Boot, die anderen segelten erst ein oder zwei Jahre. Am wohlsten fühlten sich die Langzeitseglerinnen auf 33-38 Fuß großen Jachten. Die kleineren und die ganz großen Jachten waren entweder zu unkomfortabel oder bereiteten zuviel Arbeit.

Fahrtensegeln belastet Frauen sicher stärker als Männer. Daran sind wir Männer schuld. Es darf einfach nicht angehen, daß eine Frau den Anker regelmäßig aus dem Grund ziehen muß. Das ist Schwerstarbeit, für die Männer besser gebaut sind. Eine Frau soll ankern lernen, aber es nicht ständig ausüben müssen. Sehr viele Segler überlassen den Frauen das Vorsegelwechseln. Der Herr der Schöpfung steht hinten am Ruder und hält das Schiff auf Kurs. Anders herum wäre das Vorsegelwechseln bestimmt logischer.

Wir stellen den Autopiloten ein und wechseln gemeinsam die Segel.

Dadurch bleiben wir beide in Übung, und die Arbeit bereitet mehr Freude. Uschi hat unzählige Male auf Atlantiktörns auch bei Nacht und schwerem Wetter die Segelfläche verkürzt. Sie hat genügend Kraft dazu. Der 148 qm große Cruising Spinnaker ist nachts bei hohem Seegang schwierig zu bändigen, aber es geht. Geschickte Frauen sind also durchaus in der Lage, auch mit großen Segeln fertig zu werden. Nur darf man als Mann nicht ständig seine Frau mit schwerer Arbeit überlasten.

Kochen bereitet in der kleinen, rollenden Pantry immer Mühe. Jeder Handgriff will überlegt sein. Wir Männer sollten auch hin und wieder kochen, damit die Frau den guten Willen spürt. Nur das Essen loben reicht nicht.

Das Frühstück wird fast immer von mir zubereitet. Uschi schätzt die zehn Minuten Schlaf, die ihr länger bleiben, und mir bricht kein Zacken aus der Krone. Die meisten Frauen bereiten in einer Bordkameradschaft nur Ärger, wenn sie zu wenig oder zu viel gefordert werden. Das Märchen »Frauen bringen an Bord Unglück« hat schon zu Windjammer's Zeiten nicht gestimmt. Ein Fahrtenschiff ohne Frau an Bord ist eine traurige Angelegenheit. Zum Glück ist die Emanzipation auch an Bord kein Fremdwort mehr. Einen Tag Krach ist auf unserem Boot von Zeit zu Zeit ganz normal. Es sind die Kleinigkeiten, die uns ärgern. Am großen Thema »An Bord leben« hat es in unserer Ehe seit Jahren keinen Streit mehr gegeben. Fahrtensegeln ist fürs Eheleben Balsam, und das allein rechtfertigt schon das Leben zu Zweit auf dem Wasser.

SEGELN MIT KINDERN?

Michael's Seglerkarriere begann im zarten Alter von drei Monaten und 17 Tagen. Nina war mit ihren sieben Monaten schon einmal mit dem Jet nach Amerika geflogen, da war ihre erste Segeltour mit neuen Monaten schon eine Routineangelegenheit. Unsere Kinder »mußten« frühzeitig am Segelvergnügen von Uschi und mir teilnehmen. Die beiden Großmütter standen auf verlorenem Posten. Meine damalige Begründung: »Segeln ist nicht gefährlicher als Autofahren, also kommen die Kinder mit uns an Bord.«

Michael, unserem ersten Nachwuchs, bekam das sporadische Leben auf

14

Kinder profitieren wohl am meisten von einem längeren Segelurlaub. Endlich haben die Eltern viel Zeit für sie

dem Wasser ausgesprochen gut. Im Frühjahr und Herbst segelten wir mit unserer Wanderjolle am Bodensee, im Sommer ging es an die Atlantikküste von La Rochelle rund um die Ile de Ré.

Segeln wurde für Michael so normal wie Autofahrten und Flugreisen. Mit zwei Jahren lernte unser Sprößling im Schwimmverein »Delphin« im warmen Hallenbad innerhalb von sechs Wochen schwimmen. Mit drei Jahren sprang er regelmäßig vom Einersprungbrett, ohne irgend welchen Zwang. Kleine Kinder lassen sich zu nichts zwingen. Mit vier, fünf Jahren bewegen sich Seglerkinder viel geschickter und sicherer an Bord einer kleinen Jacht als wir ungelenkige Erwachsene. Alle Langzeitsegler-Eltern können das bestätigen. Mit sechs Jahren entwickelte Michael Kräfte bei der täglichen Bordarbeit, die mich immer wieder in Erstaunen setzten.

Mit sechs Jahren bekam Michael eine Schwester. Martina segelte wie Michael zuerst in der Tragetasche, dann am Sicherheitsgurt quietschfidel im warmen Mittelmeer von Livorno nach Elba, dann nach Korsika und Sardinien und wieder zurück nach San Remo an die Côte D'Azur. Unser

15

Boot war 6,60 Meter lang, reichlich eng für zwei Kinder und Erwachsene. Gekocht wurde auf einem einflammigen Benzinkocher, im Vergleich zum Zelturlaub in Norwegen war das Klima auf unserem kleinen Trailerboot der reine Luxus.

Kurze Törns, lange Aufenthalte am Strand und in schönen Buchten, viel Zeit zum Spielen, das gefiel den Kindern und den Eltern. Selbstproduzierte Hektik und Rekordfahrten mit dem Kleinkreuzer um die Welt waren uns suspekt. Kinder brauchen auch im Vorschulalter viel Zeit für sich selbst. Im Gegensatz zu vielen anderen Kindern nörgelten unsere eigentlich nie im Stil von »wann sind wir endlich da«, etc. Unsere Kinder waren durch meine ausgiebige berufliche Reisetätigkeit so häufig unterwegs, daß Reisen ganz normal war. Erste »Probleme« mit dem Segeln gab es bei Michael mit 15 Jahren. Er wollte lieber eine Radtour mit ein paar Kumpels nach Skandinavien unternehmen als weiterhin mitzusegeln.

Michael verlebte tolle Ferien im hohen Norden und fuhr auch die nächsten fünf Jahre auf eigene Faust mit dem Fahrrad oder Motorrad quer durch Europa. Das Fahrtensegeln war für unseren Jungen fünf Jahre absolut nebensächlich. War er zu viel gesegelt, hatte ich zuviel von ihm verlangt?

Vor dem ersten Auto kauften wir uns eine Wanderjolle. Zugfahrzeug war eine Vespa. Die Polizei drückte beide Augen zu

»Liebe ist, wenn man sich die Arbeit beim Streichen teilt«. Langzeitsegeln bedeutet oft harte Arbeit. Holzschiffe sind schön aber besonders arbeitsintensiv

So war es. Jetzt, nachdem er schon seit zwei Jahren wieder voll dabei ist, gibt es wenig zu beschönigen. Der Junge mußte manchmal mit 13 Jahren die Arbeit eines Erwachsenen an Bord erfüllen. Das ging über seine Kräfte und vermieste ihm das Segeln.

Martina ist mit ihren 16 Jahren schon über den Atlantik gesegelt und hatte nie diese Probleme mit dem zu ehrgeizigen Vater. Mädchen werden von ihren Vätern einfach humaner und zärtlicher behandelt.

Aus Fehlern lernt man. Schon frühzeitig segelten alle möglichen Schulkameraden und Freundinnen an Bord mit. Manchmal erinnert mich unser Boot an einen schwimmenden Discoschuppen. Schon ein Jahr voraus organisiert heute Martina ihren nächsten Segelurlaub mit Anhang. So anstrengend solche »Erholungstörns« auch sein mögen, Stimmung muß an Bord sein. Dazu gehören Kinder und Jugendliche. Muffelige Alte sieht man genug in jeder Marina.

Einzelkinder unter vielen Erwachsenen haben es auf Langfahrten nicht einfach. Wir sahen etliche ziemlich unglückliche Segelkinder auf sogenann-

17

ten Aussteiger-Jachten in der Karibik. Auf anderen Schiffen vergnügten sich Bruder und Schwester bestens mit ihren neuen kaffeebraunen Freunden am Strand oder im Beiboot. Spielkameraden finden Kinder immer, wenn die Reise behutsam vorangeht. Lange Ankerzeiten sind einfach dafür notwendig. Lassen Sie Ihre Kinder auf dem Markt einkaufen gehen. Laden Sie die Eingeborenenkinder zu einer Kakaoparty am Strand ein. Veranstalten sie ein Fußballspiel mit den Kindern vom Dorf. Geben Sie den Dorfmädchen eine Flasche Shampoo und waschen Sie sich selbst die Haare zuerst damit. Das gibt das schönste Badefest in der sonst so menschenleeren, oft langweiligen Bucht.

Wer sich mit Kindern im Ausland versteht, wird auch mit den Erwachsenen zurecht kommen. Ein freundlicher, ja herzlicher Kontakt war uns sicher, wenn wir von unserer Seite aus etwas für gemeinsame Aktivitäten unternommen hatten. Bis dahin waren wir auf den kleinen karibischen Inseln nur die reichen Besserwisser aus dem Ausland.

Wann und wie man mit den Kindern Fahrtensegeln will, muß jeder für sich selbst entscheiden. Es gibt aber durch die Entwicklungsphasen segelgeeignete und weniger segelgeeignete Jahre.

Bis zur Grundschule hängt der Nachwuchs am liebsten am Rockzipfel der Mutter. Segeln macht da Spaß, weil Sonne, Wasser und Strand wohl allen gefallen. Im Grundschulalter möchte der Nachwuchs das eigene Boot dirigieren. Dann ist ein Dinghi mit Beseglung optimal. Deswegen macht dann auch das Segeln Freude. Die große Kieljacht ist reine Nebensache. Von elf bis 16 Jahren müssen die Eltern mit dem Segeln einfach kürzer treten. Die Schule und das Erwachsenwerden sind wichtiger als monatelanges Fahrtensegeln. Mit der Schule lassen sich Sondervereinbarungen für längere »Ferien« aushandeln, wenn sonst die Aufsichtspflicht nicht mehr gewährleistet ist. Martina hatte zum Beispiel drei Monate Sommerferien während der Atlantikreise. Das Kultusministerium segnete den »Sonderurlaub« bereitwillig ab. Fahren sie ohne die Genehmigung ab, gibts nach Rückkehr einen Verweis vom Schulleiter. Motto: »Einmal, aber nicht zweimal können wir ein Auge zudrücken, sonst muß Ihre Tochter das Gymnasium verlassen«. Mehr davon im nächsten Kapitel.

Mit 17 Jahren sind die Kinder erwachsen. Wenn sie dann trotzdem noch mitsegeln, freut es die Eltern. Bleiben sie für ein paar Wochen allein zu Hause oder fahren mit Freunden ins Ausland, schadet das nichts. Im Gegenteil. Segeln mit den Eltern und ein paar Schulfreunden kann dann besonders erstrebenswert sein. Wer seine Kinder, gleich welchen Alters, bei der Oma allein zu Hause läßt und längere Zeit segeln geht, bringt sich und seine Kinder um die schönste Zeit. Das intakte Familienleben ist das Wichtigste an Bord einer Fahrtenjacht. Am Boot können Sie alles verbessern, Komfort ist absolut nebensächlich, wenn das »Klima« stimmt. Wer das nicht glaubt, sollte die Finger von der Fahrtensegelei lassen.

WIE IST ES MIT DER SCHULPFLICHT?

Amerika's Fahrtensegler-Kinder können ihre Grundschulausbildung durch fünf Fernlehrgänge erhalten. Die Gymnasialausbildung bis zur Hochschulreife wird von drei anerkannten Gymnasial-Fernschulen angeboten. Ob das Fernschulsystem über die ganze Schulzeit letztlich zum Erfolg – der Hochschulreife – führt, kann ich nicht beurteilen. Alle mir befreundeten amerikanischen Langzeit-Seglerfamilien hatten Fernschulkurse für ihre Kinder belegt. Kostenpunkt ca. 300 Dollar je Monat.
Das System funktioniert reibungslos. Charly Martens von der »Sweet Rosie«: »Die Calvert-Fernschule schickt die Schularbeiten für die nächsten drei Monate an unsere Postadresse. Nach spätestens drei Monaten sind die fertigen Schulaufgaben im nächsten amerikanischen Konsulat oder direkt bei der Calvert-Schule. Bei der nächsten Postadresse bekommen wir die alten korrigierten Arbeiten zurück, neue Lehrgänge gibts automatisch oder nach Anforderung. Wir unterrichten unsere drei Kinder seit vier Jahren und sind mit dem Fernschulsystem bisher gut gefahren.« Charly schickt seine Kinder manchmal für einige Wochen in Diplomaten-Kinderschulen, die von der amerikanischen Regierung eingerichtet werden. Der Leistungsunterschied zwischen Fernschule oder ständigem, ortsgebundenem Unterricht ist minimal. In Geographie, Biologie und Fremdsprachen sind Charlies Kinder besser als die »normalen« Schulkinder.
Eine Fernschulausbildung für deutsche Schüler gibt es nach Auskunft des Baden-Württembergischen Kultusministeriums bisher nicht. Man würde allerdings daran arbeiten. Seitdem sind wieder drei Jahre vergangen.
Schulpflichtige Kinder müssen also eine Schule besuchen, das schreibt das Gesetz vor. Die Schule kann natürlich auch in Bequia auf den Westindischen Inseln liegen. Die schulische Weiterbildung muß lediglich gewährleistet sein. Ob ein Unterricht tatsächlich stattfand, interessiert die Schulbehörde nach unseren eigenen Erfahrungen dann nicht mehr. Beim

Wiedereintritt in deutsche Schulen wird eine Tauglichkeitsprüfung für die entsprechende Klasse vorgenommen. Viele Seglerkinder hatten während einer Weltumseglung nur das eigene Schiff als Klassenzimmer gesehen und bestanden den Eignungstest dennoch ohne größere Probleme.

Die Grundschulausbildung dürfte keine unüberwindbaren Probleme bei vernünftigen Eltern an Bord einer Fahrtenjacht bedeuten. Einen guten Gymnasialunterricht an Bord würde ich mir nicht zutrauen und meinen Kindern auch nicht antun wollen.

Bei den Campes segelte ja die Lehrerin einige Zeit mit um die Welt. Familie Campe hat damit wechselvolle Erfahrungen gemacht. Mir wäre das einfach zu viel Streß an Bord. Lieber die Kinder ein Jahr oder etwas länger von der Schule freistellen und dann zurück in die normale Schulklasse. Wen dieses Thema mehr interessiert, der sollte sich über den Trans-Ocean-Verein Cuxhafen, Tel: 04721/51800, Adressen von deutschen Weltumseglern geben lassen, die mit schulpflichtigen Kindern mehrere Jahre unterwegs waren.

Unsere Kinder waren nie länger als fünf Monate von der Schule befreit. Bisher ging es ohne Klassenverlust ab. Ein klärendes Gespräch vor der Reise mit dem Rektor der Schule ist wirklich notwendig. Das Oberschulamt und das Kultusministerium sind zu Auskünften bereit. Nageln Sie die Beamten aber nicht auf einen definitiven Wiedereinschulungsbescheid fest. Schriftlich werden Sie das nicht erhalten. Der Rektor muß Ihr Kind nicht wieder in die Klasse aufnehmen, sofern keine Grundschulausbildungs-Pflicht mehr besteht. Mit vernünftigen Argumenten bekamen Christine und Eric Jörn aus Hamburg zwei Jahre Sonderurlaub für ihre vier schulpflichtigen Kinder Jacob (6), Johanna (9), Paul (11) und Katharina (14 Jahre) und segelten von Juni 1983 bis Juli 1985 um die Welt. Die neunjährige Johanna verlor bei der Wiedereinschulung kein einziges Schuljahr.

TEIL 2

ES GEHT AUCH OHNE EIGENES BOOT:
ALS SEGELTRAMP UM DIE WELT

Wer die Erde auf eigene Faust umrunden will, braucht kein eigenes Segelschiff. »Hand gegen Koje« ist die Formel für das preiswerte Vorankommen. Abenteuer sind garantiert. Wer heil herum kommt, hat mehr erlebt, als den meisten lieb ist. Die Freiheit der Meere ist harte Knochenarbeit für Mitsegler. Der Bericht zeigt aus der Sicht des Schiffeigners die Vor- und Nachteile.
Ort der Handlung ist der Hafen von Ajaccio auf Korsika. Uschi und die Kinder sind einkaufen gegangen, ich genehmige mir einen Pastis. Die Überfahrt von Elba war schwieriger als erwartet. Aus meinen selbstzufriedenen Gedanken schrecken mich plötzlich zwei weibliche Wesen: »He Skipper, hast Du Platz für uns zwei?« Wie bitte – wieso denn – denke ich, Sehe ich so aus, oder meine kleine Jacht?
Wir kommen ins Gespräch, so erfahre ich, daß sie auf diese Art ihren Sommerurlaub verbringen – per Anhalter übers Mittelmeer. Ich erfahre, daß sie eigentlich immer unterkommen, daß die Skipper im großen und ganzen nette Typen sind und dankbar für ihre Mithilfe an Bord und in der Kombüse. Sie haben schon etliche Seemeilen zurückgelegt und ich stelle fest, daß ich sie gerne mitgenommen hätte. Aber halt, meine Frau, meine Kinder, mein zu enges Boot. Nein, es geht nicht! Eine halbe Stunde später

Atlantiküberquerung mit einer Tonne? Der Versuch scheiterte kläglich

lausche ich dem Gespräch der beiden mit dem Skipper der großen Jacht nebenan. Er will wissen, was sie an Können mitbringen. Seine Selbststeuerungsanlage ist kaputt, kochen kann er nicht sonderlich, mit dem Nähen ist das auch so eine Sache, außerdem ist es ihm manchmal recht langweilig. Können die beiden steuern, kochen, nähen, ihn unterhalten? Am Abend lustiges Lachen nebenan. Aha, der Skipper der großen Jacht hat die beiden an Bord. Am nächsten Morgen segeln sie los, ich wünsche ihnen eine gute Reise.

Nahezu in jedem größeren Hafen spielt sich das gleiche ab. Leute mit Rucksack oder Seesack schlendern an den Kais entlang, taxieren Schiffe und Skipper, suchen eine Mitsegelgelegenheit – Hand gegen Koje.

Die Ziele dieser Seereisen liegen natürlich nicht nur im Mittelmeer, sie können weltweit sein.

Das Tor zur großen weiten Welt liegt für uns am westlichen Ende des Mittelmeers, in Gibraltar. Hier ist der letzte Stop auf europäischem Festland für die Segler, die den Atlantik zu den Karibischen Inseln überqueren wollen. Heute ist die Grenze von Spanien nach Gibraltar wieder offen. Also, nichts wie hin, ihr Abenteurer! Doch vorher wäre es angebracht, sich ein paar ernsthafte Gedanken zu machen.

22

Telstar 26 Trimaran mit einklappbaren Schwimmern. In England beliebt. Bei uns sind Mehrrumpfboote noch eine Seltenheit, obwohl diese Jachten beachtliche Qualitäten haben

Segeln ist nicht nur das süße Nichtstun; den ewig blauen Himmel, die sanfte Brise, wie es die Zigarettenwerbung so schön vorgaukelt, gibt's auch nicht immer. Segeln ist so ziemlich die unbequemste Art zu reisen.

Der Skipper weiß das, er braucht keine dekorative Zigarettenreklamefigur an Bord, sondern tatkräftige Mithilfe (wenn weiblich, darf sie natürlich trotzdem hübsch sein). Theoretische Weisheiten hat er selbst im Kopf, braucht er also auch nicht. Willkommen sind Praktiker, die sich nicht scheuen, sich die Finger schmutzig zu machen; Leute, die sich auch mal anpflaumen lassen und sich diskret seiner Kapitänsgewalt fügen.

Daß man seekrank werden kann, ist bekannt – auch Abenteurern passiert das – immer eitel Freude und Sonnenschein gibt es auch auf See nicht. Na, immer noch Lust?

23

HAND GEGEN KOJE

Was wird verlangt? – Hand gegen Koje ist ein Arbeitsvertrag. Ich verlange eine Arbeitskraft für freies Logis und Kost an Bord der Segeljacht. Sie können das ruhig wortlich nehmen. Faulpelze werden gnadenlos im nächsten Hafen ausquartiert. Der Mitsegler braucht weder Segelscheine als Befähigungsnachweis noch ein Leumundszeugnis. Dafür sollte er gut backen, noch besser kochen und am besten den Schiffsdiesel reparieren können.

Segel bedienen ist absolute Nebensache, damit wird der Eigner selber fertig. Wer mit seinem neuen Hochseesegler-Verbandsführerschein an der Reling steht, hat schlechte Chancen, denn die seglerische Kompetenz läßt sich kein Skipper gern aus der Hand nehmen.

Deshalb sind Mädchen auch besser dran. Sie protzen nicht mit Lichterführungs-Regularien und nautischen Tafeln. Dafür stehen sie auch bei sieben Windstärken noch in der Kombüse, wenn der Rest der Mannschaft mit grünem Gesicht Neptun opfert.

Wer braucht Mitsegler? – Es gibt holprige und sanfte Touren über die Weltmeere. Ein Atlantiktörn von den Kanarischen Inseln in die Karibik gilt z. B. als harmlose Route. »Milkrun« bezeichnen ihn die Amerikaner, obwohl viele Segler danach nie wieder ein Schiff betreten haben. Die Rückreise über die Bermudas/Azóren nach Europa wird als schwierige Route beschrieben. Stürme und Flauten, Gegenwinde und unkontrollierbare Meeresströmungen qäulen den Segler, das ist die Leistungsprobe, da schrecken viele zurück, da ist Hilfe willkommen. Hier wird der »Hand gegen Koje«-Mitsegler freudig an Bord gebeten, denn jede Hand zählt.

Große Charterjachten brauchen fast immer zur knappen Stammbesatzung zusätzliche Helfer an Bord. Ältere Ehepaare möchten sich die strapaziösen Nachtwachen auf ihrer schmucken 12-Meter-Jacht vereinfachen. Hier kommt ein freundlicher, jüngerer Mitsegler fast immer mit.

Einhandsegler sind weder amputiert noch abnormal veranlagt. Wenn sie allein segeln, liegt das meistens an der vergeblichen Suche nach passablen Mitseglern.

Psychologisches Geschick gehört im Umgang mit den Soloseglern dazu, denn wer allein lange segelt, hat mehr Mumm in den Knochen als forsche Regattaschniekis.

Damit wären wir bei den Luxusjachten. Geschaffen für Menschen

Längere Überführungstörns sind ideal für eine gemischte Gruppe. Ein straffer Zeitplan läßt keine Zeit für persönliche Animositäten

besonderer Klasse, darf es am nötigen Service nicht fehlen. Preiswerte Deckshände fürs komfortable Leben zwischen den Inseln sind gefragt. Gute Manieren auch. Keine große Luxusjacht wird neben der bezahlten Stammanschaft ohne »Hand gegen Koje«-Personal in See stechen, Trinkgelder sind obligatorisch und helfen, den Frust zu überwinden. Freie Kojen gibt es also reichlich, wie findet man die passende?

GUTE SCHIFFE, SCHNELLE REISEN, SAISON IST IMMER

Brian Edwards ist Australier und hat mit 27 Jahren schon zweimal die Welt als »Seetramper« per Segelboot umrundet. Jetzt steht er in der Marigot Bay auf St. Lucia an der Bar.

»Happy hour« ist angesagt. Doppelte Menge Pinacolada zum einfachen

Preis: »Jede Reise hat dreieinhalb Jahre gedauert. Am einfachsten bekommst Du Deine Koje weit weg von der Heimat, in Kapstadt zum Beispiel oder in der Südsee auf den Tuamotus. Wer dort mit einer Segeljacht hinkommt, kann gleich weiterfahren. In den Mittelmeer-Marinas schwatzen viele von ihrer Atlantik-Überquerung, aber lossegeln tun die wenigsten. Da ist Gibraltar schon besser. Jetzt will ich durch den Panama-Kanal nach Französisch-Polynesien, wegen der netten Mädchen. Eine Jacht nimmt mich mit bis zum anderen Kanalende nach Bilbao, dort wird man weitersehen«.

Brian kennt sich aus. Wer im August über den Atlantik segeln will, hat garantiert Pech. Atlantiksaison ist von Anfang November bis Mitte April. Danach ist Hurrikan-Saison in der Karibik. Letztes Jahr zerstörte Hurrikan Klaus zwischen Martinique und Kuba über 300 Jachten. Das war schon Anfang Dezember, wo niemand mehr an einen Hurrikan dachte. Der erste Hurrikan seit 13 Jahren in dieser Gegend. Ausnahmen bestätigen die Regel. Eine gute Reisplanung (davon etwas später) muß sein.

DAS GRÖSSTE RISIKO SIND DIE BORDKAMERADEN

Elfmal hat Rolf N. den Atlantik schon auf Segeljachten überquert. Bei der zwölften Fahrt kam er als Leiche auf den Karibischen Inseln an. Erstochen von einer englischen Mitseglerin. Kein Einzelfall, Hochseesegeln setzt psychologisches Einfühlungsvermögen voraus, sonst kann es Mord und Totschlag geben.

Bei Rolf N. waren die Beweise eindeutig. Der preisgekrönte Ozeansegler hatte zwei Engländerinnen auf den Kanarischen Inseln als »Hand gegen Koje«-Gäste mitgenommen. Dabei versuchte er während der dreiwöchigen Reise mehrfach, seine Mitseglerinnen zu vergewaltigen. Die Damen blieben standhaft. Als Rolf es wieder mit Gewalt versuchte, stach die Freundin zu. Der Hamburger starb, die beiden Freundinnen wurden nach wenigen Tagen aus der Untersuchungshaft entlassen.

Beim sensationellen »Appolonia«-Prozeß wurde über eine Tragödie verhandelt, die zwei Menschenleben forderte und den Hauptangeklagten lebenslänglich hinter Gitter brachte. Ein frisch angeheuerter Segler sollte die Charterjacht eines seglerisch weniger bewanderten Eigners in die Karibik überführen. Dabei kam es über navigatorische und finanzielle

Probleme zum tödlichen Streit. Zwei spektakuläre Fälle, die über die psychologischen Probleme an Bord etwas sagen. Die volle Wahrheit erfährt die Öffentlichkeit wohl nie.

Bei meiner ersten Atlantiküberquerung hatte ich fünf Mitsegler an Bord. Die ersten sieben Tage auf hoher See gingen bestens vorüber, obwohl wir sehr schlechtes Wetter hatten. Saukalt, eine wilde Dünung und oft Regen mit Gegenwind. Dann besserte sich das Wetter, Passatsegeln in der schönsten Form, 3–4 Windstärken, eine ruhige See, Zeit für die Astronavigation. Meine Mitsegler sollten auch mit dem Sextant und den nautischen Tafeln die Position bestimmen können.

Das war mein Fehler. Zwei Mitsegler fühlten sich zum Navigator berufen. Plötzlich waren Sie nicht mehr auf mich als Navigator angewiesen. Ergebnis: Totale Arbeitsunlust, schlampige Wachen, Verweigerung der Backschaft (abwechselnder Küchendienst). Zwei Faulpelze gegen vier vernünftige Segler und noch 1000 Seemeilen bis Martinique. Sieben fast durchwachte lange Nächte. Das Tauchermesser am Bein, die Seenotpistole unter dem Kissen, nie werde ich diese Nächte vergessen. Das ist das Risiko, mit dem jeder Skipper rechnen muß. Den wahren Charakter erkennt man erst auf hoher See, nicht an Land. Patentrezepte gibt es nicht, aber Ärger an Bord läßt sich vermeiden, wenn die Regularien stimmen.

Bei einer reinen Männercrew sollte ein Mädchen nicht zusteigen. segelt die Skippersfrau mit, gibt es wahrscheinlich eine harmonische Reise, wenn sich die beiden Frauen gut vertragen. Zwei Mann und eine Frau ist auch nicht gut. Ein Ehepaar plus männlicher oder weiblicher Mitsegler ist o. k. Schlecht sind zwei Kumpels und eine kleine Familie mit Kind. Ein weiblicher oder männlicher Mitsegler funktioniert meistens auch bei einer intakten Familie. Größere Altersunterschiede sind eher besser für die Bordmoral als gleichaltrige Segler. Je größer die Stammannschaft ist, desto leichter verträgt die Gemeinschaft einen neuen Mitsegler. Es kommt nicht darauf an, hochstilisierte Wunschträume auf See zu verwirklichen, es kommt darauf an, den oft wochenlagen Törn akzeptabel für alle an Bord zu beenden. Das gemeinsam gut überstandene Erlebnis ist mit normalen »Abenteuer-Reisen« nicht zu vergleichen. Von den Eindrücken einer Atlantiküberquerung zehren Segler noch Jahre. Die einmal geschlossenen Freundschaften halten viel länger als an Land, weil jeder sich jetzt genauer kennt als vor Antritt der Fahrt. Das wirklich elementare Naturerlebnis eines Ozeans wird in der Gruppe stärker verarbeitet als allein oder zu zweit. Segeln in der Gemeinschaft macht einfach mehr Spaß. Ich segle deshalb auch weiterhin mit »Hand gegen Koje«-Bordkameraden übers Meer.

DIE RICHTIGE AUSRÜSTUNG FÜR DEN GROSSEN TÖRN

Lassen Sie den Koffer und Ihr Schifferklavier zu Hause, wenn Sie auf Ihrem Traumboot anheuern wollen. Der Armeesack mit Schulterriemen zeigt, daß der Eigner mit Ihnen rechnen kann. Ordentliche Turnschuhe reichen aus, dazu Gummistiefel, leichter zweiteiliger Segelanzug, Mütze, Pullover, zwei paar kurze Hosen, Jeans und T-Shirts, fertig ist die Ausrüstung.

Vergessen Sie den eigenen Sextanten und nautische Tafeln, das ist alles an Bord. Vergessen Sie aber nicht Ihren eigenen Rettungsgurt und eine Taschenlampe, Schwimmwesten gibts genug an Bord. Vermeiden Sie alle sperrigen Gepäckstücke, das tragen nur Landratten. Auf einer Jacht ist Stauraum immer knapp, besonders wenn es auf hohe See geht.

Unsere letzte 'Larantuka' wog zwei Tonnen und wurde vom Toyota Geländewagen bis nach Portugal problemlos gezogen

DER ERSTE KONTAKT MUSS KLAPPEN

Sie haben Ihr Traumschiff gefunden, wie finden Sie Kontakt zum Skipper? Ganz einfach. Der Mensch, der am sonnengebräuntesten aussieht und am meisten arbeitet, ist der Kapitän.

Schauen Sie ihm etwas zu und fragen Sie ihn, ob Sie ihm beim Arbeiten helfen können. Zum Beispiel Proviant aufs Schiff schleppen, den Wasserschlauch rüberreichen oder das Segel auftuchen. Auf guten Jachten wird an sich immer gearbeitet, wer das kapiert, hat keine Probleme mit dem ersten Kontakt.

Ganz falsch ist die Frage an herumstehende Mitsegler: »Könnte ich mal den Skipper sprechen«? Der Skipper hängt bestimmt mit dem Kopf nach unten im Motorraum und inspiziert seinen Diesel. Wer ihn jetzt stört, hat schon verloren.

Abends bei Einbruch der Dunkelheit kehrt Ruhe auf der Jacht ein, dann läßt es sich im Nautic Club an der Bar vorzüglich klönen. »Also diese schwedische Ketsch hat ein wirklich schön gepflegtes Teakdeck«. Der Skipper hat daran eine Woche gearbeitet. Solche Worte sind Balsam in seinem Ohr. Jetzt wird er Sie auch gern anhören.

Eine klare Reiseplanung sollten Sie ihm mitteilen. »Von Martinique über die britischen und amerikanischen Virgins nach Haiti und über die Bermudas zurück nach Europa. Drei Monate habe ich Zeit, dann gehts wieder ins Büro«.

Der Skipper merkt, daß hier kein Langzeitaussteiger, Faulpelz oder netter Träumer auf Reisen gehen will, sondern einer, der sich die Welt per Segelschiff ansehen möchte. Das schafft Sympathie und bewahrt den Skipper vor (bürokratischen) Problemen.

Der Skipper haftet für Mitsegler. – Die Bürokratie hat auch die Weltumsegler im Griff. Überall haftet der Skipper für seine Mitsegler. Beim Drogen- und Waffenschmuggel kann das teure Schiff ganz schnell beschlagnahmt werden, dann ist der Traum von der Südsee schon in Gibraltar ausgeträumt. Auf den meisten karibischen Inseln muß der Skipper seine Mitsegler auch wieder außer Land bringen. In Französisch-Polynesien muß für jeden Mitsegler Kaution in Höhe eines Rückflug-Tickets auf der Regierungsbank hinterlegt werden. Bei Abfahrt erhält man die derzeit 3000.– Mark je Passagier wieder ausbezahlt. Dadurch werden Sozialfälle vermieden. Wer das Geld nicht hat, muß innerhalb von 24 Stunden abreisen. Deshalb wird jeder Skipper seinen neuen Mitsegler auch finanziell unter die Lupe nehmen. Kreditkarten und Traveller-Schecks helfen, die Diebstahl-Risiken zu mindern. Traveller-Schecks in Höhe eines Rückflug-Tickets beruhigen jeden Skipper.

Auf den ersten Blick sind die Jachten der zahllosen Total-Aussteiger das ideale Boot zum Mitsegeln. Tatsächlich sind dort nach meinen Erfahrungen oft die größten Probleme. Meist mangelt es an Geld für Ersatzteile fürs Schiff. Die Hafengebühren wachsen über den Kopf. Die Verpflegung ist im Ausland meist teurer als bei uns. Zollgebühren können die Bordkasse empfindlich belasten. In der Karibik bezahlt man teilweise bis zu 60 Mark Einklarierungsgebühr für eine kleine Jacht. In Suva müssen derzeit 100 US-Dollar berappt werden. Neuseeland verlangt an Leuchtfeuergebühren über 150 Mark, kurz, Segeln ist teuer.

Einen Teil dieser oft unverschämt hohen Gebühren wird der Aussteiger auf seinen Mitsegler abwälzen wollen. Der Krach ist fast unvermeidlich. Kürzere Strecken mögen vergnüglich sein, lange Passagen führen häufig zu unüberwindlichen Problemen. Es gibt eine hohe Dunkelziffer bei den »unglücklich« über Bord gegangenen Mitseglern. Komisch, daß solche Seenotfälle auf guten Jachten äußerst selten vorkommen. Wer mit seinen Problemen an Land nicht fertig wird, sollte damit nicht auf See gehen.

IM WINTER IST HOCHSAISON – DIE BESTEN STARTPLÄTZE

Mitte Oktober treffen sich die Atlantik-Überquerer aus Nordeuropa und dem Mittelmeer in Gibraltar. Dort fällt die Entscheidung: Rüber über den Großen Teich oder zurück ins warme Mittelmeer. Ab Gibraltar gibt es kein zurück. Der nordportugisische Passatwind drückt das Boot unwiderstehlich zu den Kanarischen Inseln. Gegenan zurück? Reine Glückssache.

Gibraltar's Grenzen sind wieder offen. Mitseglern wird damit der mühselige Umweg über Tanger erspart. Zwischen Gibraltar und den Kanarischen Inseln kann der Skipper seinen neuen Mitsegler sechs Tage lang testen. Taugt er was, oder liegt er nur mit Kopfschmerzen in der Koje? Für beide Seiten ist das Risiko überschaubar.

Teneriffa oder Gran Canaria sind die letzten Verpflegungsdepots für die drei- bis vierwöchige Atlantik-Überquerung. Gute Startorte für erfahrene Mitsegler, die auf Küstentörns ihre Erfahrungen gesammelt haben. Ein schlechter Start für Neue. Zu hohes finanzielles Anreiserisiko. In der Karibik und an Amerikas Ostküste sind alle Häfen das ganze Jahr über gut fürs Weiterkommen. Vom Panamakanal nach Französisch-Polynesien in die Südsee fahren ab Februar die ersten Jachten los. Ausreichende Geldmittel (ca. 10 000, – DM) sind nötig, weil Arbeitsmöglichkeiten erst wieder in Neuseeland und Australien zu finden sind.

Viele Jachten werden in Australien und Neuseeland verkauft, weil der härteste Teil der Weltumseglung anliegt – der Indische Ozean. Eine halbjährige Zwangspause wegen der Taifun-Saison läßt sich nicht vermeiden, das kostet alles Geld.

Etwa fünfzig Jachten fahren ab Juni vom fünften Erteil in Richtung Südafrika los. Die Mitfahrmöglichkeiten sind sehr gut, weil sich die Möchtegern-Weltumsegler längst verabschiedet haben.

Von Kapstadt über die Azoren zurück nach Europa fahren ab November genügend Jachten. Meist die gleichen fünfzig, die von Australien her unterwegs sind. Dann noch einige Südafrikaner, die sich Amerika oder Europa ansehen möchten. Vom Drehkreuz Horta auf den Azoren kommt jeder zurück in die Heimat. Hier treffen sich die Rückreisejachten aus Amerika und der Karibik mit den Jachten von Südafrika oder England. Von Mai bis Ende September sind derzeit etwa 280 Jachten unterwegs, die sich auf Horta ein paar schöne Tage gönnen.

Horta ist mit der TAP für 280 DM ab Lissabon anzufliegen. Neben Gibraltar der preiswerteste Startort fürs Mitsegeln. Selbstverständlich gibt es auch von August bis September gute Startplätze im Mittelmeer: Malta, Mallorca, Malaga, Zypern und Korfu. Schlechte Startorte sind alle großen Luxusmarinas an der Côte d'Azur, weil sich dort die wirklichen Langstreckensegler nur ungern aufhalten. Eine Anzeige in der »Yacht« hat schon manchem zum ersten langen Törn verholfen. Unter »Verschiedenes« werden Mitsegelmöglichkeiten alle 14 Tage offeriert. Hochseejachten brauchen immer fleißige Mitsegler, besser lernt man die Welt wohl kaum kennen.

IN 18 ETAPPEN UM DIE WELT

1. Etappe: Hamburg – Gibraltar 1 500 sm, 30 Tage
2. Etappe: Gibraltar – Gran Canaria 760 sm, 7 Tage
3. Etappe: Gran Canaria – Martinique 3 000 sm, 23 Tage
4. Etappe: Martinique – Panamakanal 1 500 sm, 14 Tage
5. Etappe: Panamakanal – Galapagos-Inseln 1 000 sm, 12 Tage
6. Etappe: Galapagos-Inseln – Marquesas-Inseln 3 100 sm, 26 Tage
7. Etappe: Marquesas-Inseln – Samoa-Inseln 1 000 sm, 14 Tage
8. Etappe: Samoa-Inseln – Tonga-Inseln 500 sm, 6 Tage
9. Etappe: Tonga-Inseln – Auckland/Neuseeland 1 300 sm, 15 Tage
10. Etappe: Auckland – Sydney/Australien 1 300 sm, 15 Tage
11. Etappe: Sydney – Kokos-Inseln 3 300 sm, 35 Tage
12. Etappe: Kokos-Inseln – Mauritius 2 400 sm, 25 Tage
13. Etappe: Mauritius – Durban 1 650 sm, 19 Tage
14. Etappe: Durban – Kapstadt 350 sm, 6 Tage
15. Etappe: Kapstadt – St. Helena 1 700 sm, 16 Tage
16. Etappe: St. Helena – Ascension 700 sm, 6 Tage
17. Etappe: Ascension – Horta/Azoren 3 450 sm, 40 Tage
18. Etappe: Horta – Hamburg 1 600 sm, 19 Tage

Die Reiseroute ist wegen der Passatwinde meist länger als die kürzeste Entfernung zwischen den einzelnen Etappen. Die Reisezeiten sind auf eine ca. 12 Meter lange Fahrtenjacht bezogen. Die durchschnittliche Reisedauer beträgt für eine Weltumseglung etwa drei Jahre. In der Zeit der tropischen Taifune und Hurrikans wird die Fahrt für Monate unterbrochen.

Bilder Farbteil: Kostenloses Ankern ist überall an der Küste von Elba möglich (Seite 33, Bild oben). – Typischer Langzeitsegler-Hafen ist Palma de Mallorca. Am öffentlichen Kai muß für die Übernachtung etwa drei Mark bezahlt werden. Der königliche Jachtclub, im Hintergrund, möchte 35 Mark pro Nacht kassieren (Bild unten). – Nächste Doppelseite: Einer der schönsten Ankerplätze in der Karibik ist Cliffton Harbour/Union Islands, obwohl ein ausgedehntes Riff die Ankerbucht teilt. – Nächste Seite: Zwei Jahre segelten wir auch im Winter durch die Ionischen Inseln/Griechenland. Das obere Bild wurde am 5. Januar bei Levkas fotografiert. Bild unten: Unsere 'Larantuka' am Travellift in Vilamoura/Portugal. Langkieler, Typ Tayana 37

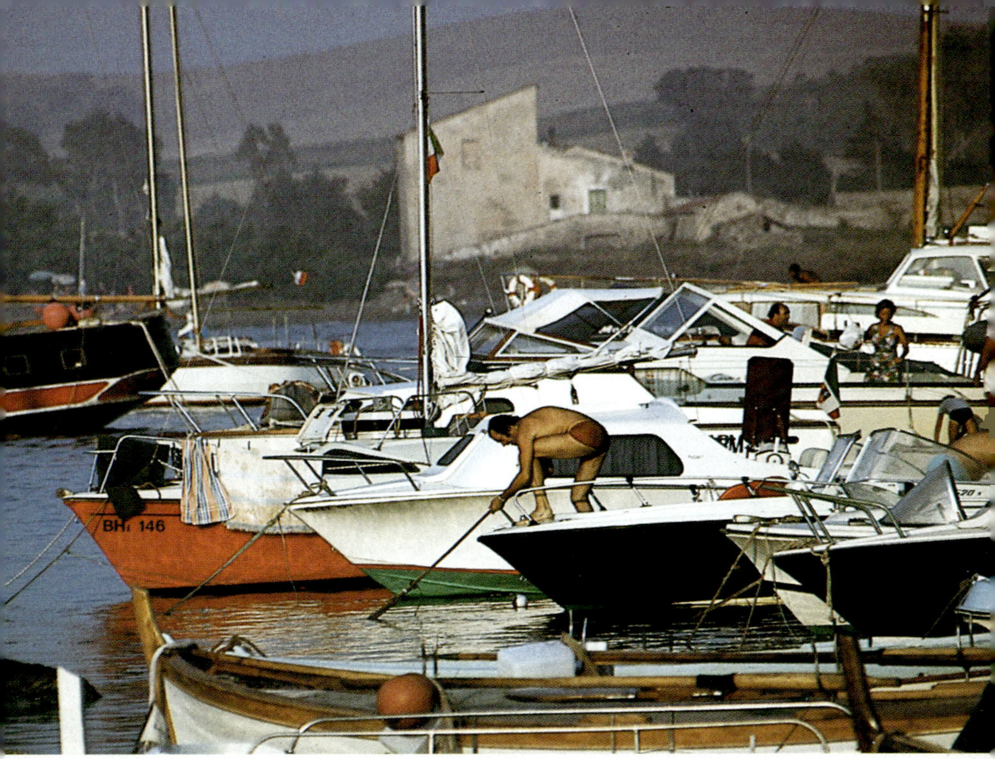
BH 146

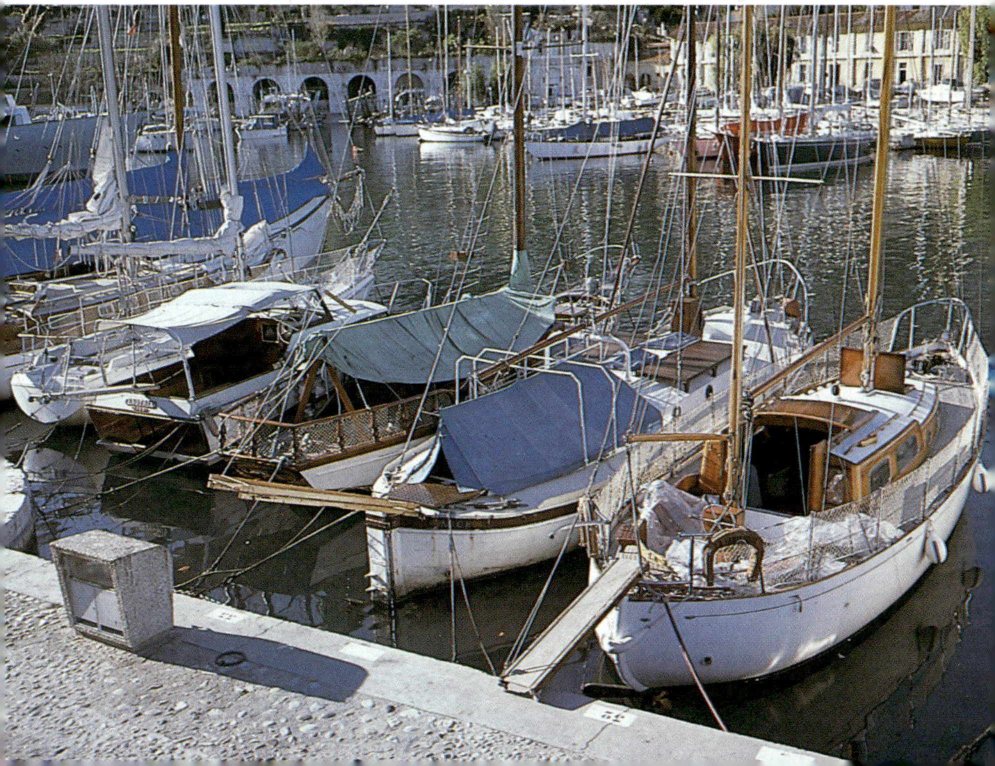

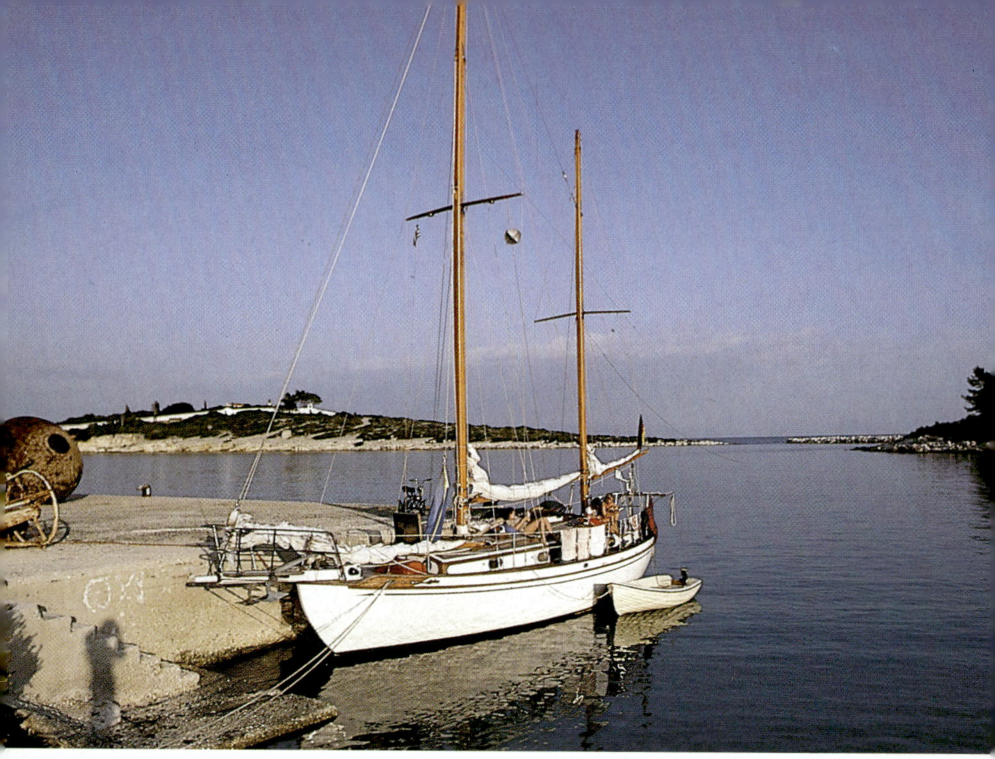

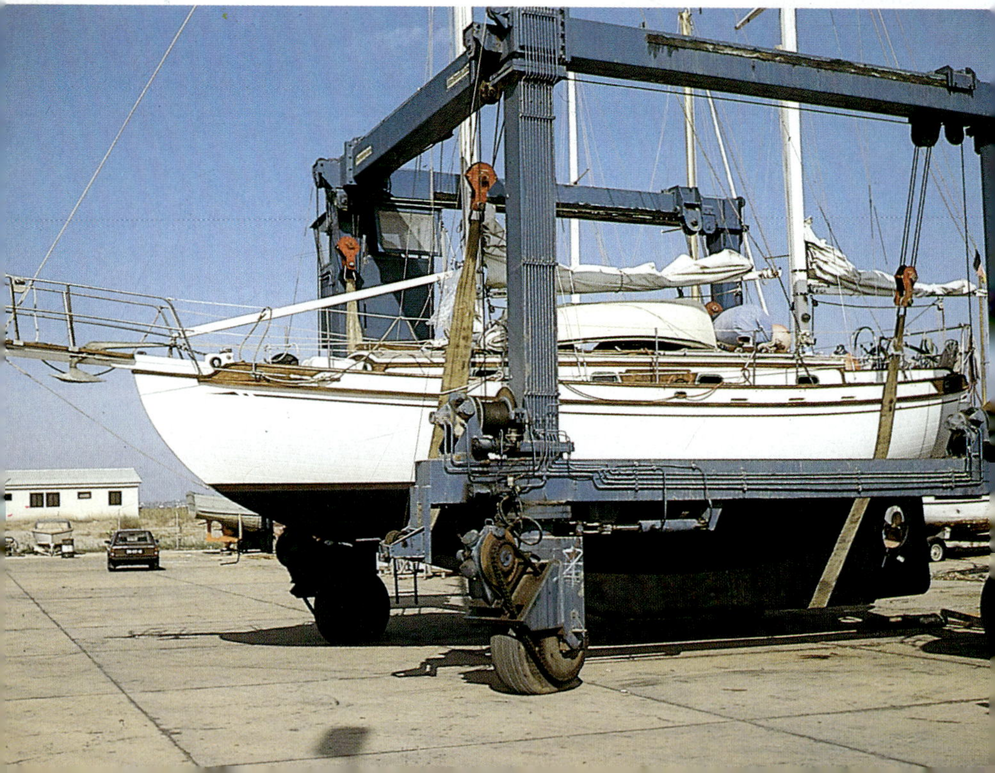

TEIL 3

EIN SCHÖNER TRAUM: DIE IDEALE FAHRTENJACHT

Fragen Sie zehn Segler nach der idealen Fahrtenjacht, Sie werden zehn verschiedene Antworten erhalten. Jeder hat für seine eigenen Bedürfnisse das beste Schiff gekauft. Nach ein, zwei Jahren verschieben sich die Idealvorstellungen mehr in Richtung Regatta-Jacht oder ins andere Extrem, einer schweren Kap Horn-tauglichen Stahljacht mit einem langen durchgezogenen Kiel, in den sich Proviant für eine halbe Weltumseglung stauen läßt. Das wirkliche ideale Boot existiert nur im Gehirn von Träumern, die Realität sieht nach ein paar Tausend Seemeilen nüchterner aus: Das schöne Traumschiff wird per Inserat verkauft.

Es liegt mir fern, einigen schreibenden Fahrtensegler-Kollegen die Seriosität abzusprechen, aber ein »Glaubensbekenntnis« für einen geteilten Lateralplan ist journalistische Spekulation. Mit gleicher Vehemenz verteidigen die Langkiel-Enthusiasten ihre Vorstellungen vom idealen Fahrtenboot — auch das ist eine persönliche Meinung, die ich respektiere, die aber eben auch subjektiv ist.

Verlangen Sie deshalb auch von mir kein Patentrezept für den Kauf einer idealen Fahrtenjacht. Nach meinen persönlichen Erfahrungen ist ein durchgezogener Kiel mit solide aufgehängtem Ruder und konventioneller Wellenanlage immer noch das beste Konstruktionsprinzip für die große Fahrt. Bobby Schenk, Peter Kammler, Hal Roth, Eric Hiscock und viele andere bekannte Langzeitsegler sind Langkiel-Segler aus Überzeugung. Nach einer Umfrage eines englischen Weltumsegler-Kollegens schwören über 86 Prozent von 150 befragten Langzeitseglern auf das klassische Konzept des Langkielers. Gründe dafür gibt es genug. Das Ruder ist hinter dem Kiel am besten geschützt. Die Ruderaufhängung kann am sichersten gelagert werden. Für eine Fahrt ins Packeis war das für mich das wichtigste Argument, weshalb wir uns einen Langkieler gekauft haben.

Noch ein Beispiel: Bei unserem Karibiktörn bewährte sich der lange Kiel auf der kleinen Slipanlage von Union Island. Dort konnten wir den Unterwasseranstrich problemlos erneuern. Ein Kurzkieler hätte nicht auf den Slipwagen gepaßt. Ist das alles so wichtig? Gibt es nicht auch 100 Seemeilen weiter in Martinique einen Travellift, wo Kurzkielboote überholt werden können? Seit einigen Jahren gibt es dort einen Travellift, nur bezahle ich dort das Dreifache wie in Union Island. Das ist für die meisten Langstreckensegler ein entscheidendes Argument. Mit einem Langkieler hat man einfach mehr Chancen, sein teures Schiff heil aus dem Wasser zu holen. Jede Fischkutter-Werft ist dafür geeignet. Mit einem Kurzkieler ist man auf Marinas angewiesen, die immer teurer sind. Am Mittelmeer sticht dieses Argument kaum mehr. Dort gibt es überall geeignete Krananlagen und Travellifts, die mit den größten Regattajachten mit Kurzkiel fertig werden. Weil nach Tonnage abgerechnet wird, muß der Langkielbesitzer sogar höhere Preise für die Krangebühr bezahlen.

Noch ein Beispiel: Auf Langfahrt zählt für mich der Wasservorrat als wichtiges Indiz für eine fahrtentaugliche Jacht. Mit dem langen Kiel verfügen die meisten Langzeitsegler über einen doppelt so großen Wasservorrat wie mit einem gleich langen Kurzkieler. In Griechenland und der Türkei sind volle Wassertanks in den Häfen eine Seltenheit. Der Fahrtensegler möchte aber möglichst lange in einer schönen Bucht bleiben. Geht der Wasservorrat auf einer modernen Kurzkieljacht wie üblich alle sechs Tage zur Neige, wird das Problem »langer oder kurzer Kiel« nur noch vom Argument »langer Kiel faßt mehr Wasser« beherrscht.

An der Côte d'Azur kann jeden Abend in einer Marina mit Wasseranschluß angelegt werden. Das kostet teure Hafengebühren, die für Langzeitsegler indiskutabel sind, einen 14-Tage-Segler aber nicht tangieren.

Mit diesem kurzen Abriß möchte ich Ihnen zeigen, daß die Beurteilung einer speziellen Kielkonstruktion subjektiv sein muß.

Mißtrauen Sie also jedem Segler, der sein eigenes Boot als ideale Fahrtenjacht anpreist. Wer sein Schiff liebt, wird es immer in Schutz nehmen. Die persönliche Bindung ist einfach größer als zu einem Auto.

Amerikanischer Micro-Katamaran. Erreicht 20 Knoten. Baukosten unter 35 000 Mark. Spartanische Raumverhältnisse in den Rümpfen. Dafür begeisternde Segeleigenschaften für wenig Geld

Noch ein Extrem: In der Karibik traf ich ein junges amerikanisches Ehepaar, das seit eineinhalb Jahre lang auf einem selbstgebauten, sieben Meter langen Trimaran lebte. Gewohnt wurde unter einer Zeltplane, die über den Großbaum gelegt war. Pat's und Anny's Traumboot hat 5 800 Mark an Material gekostet. Viele Fahrtensegler geben 6 000 Mark allein für ihre Funkstation aus. Pat: »Zwischen den Inseln hatten wir viele Ängste zu überstehen. Als wir den Golfstrom überquerten, wollte uns ein Frachter an Bord hieven, weil er uns in akuter Seenot glaubte. Dabei war das ganz normales Segeln. Dafür verlebten wir auf den Grenadinen unvergeßliche Monate mit unserem Boot. Tatsächlich ging für uns damit der Traum vom Segeln hundertprozentig in Erfüllung.«

Für ein paar Tausender mehr können geschickte Selbstbauer auch einen James Wharram-Katamaran bauen. Damit wurden unzählige erfolgreiche Langfahrten durchgeführt.

Geld ist sicher wichtig für den Start als Fahrtensegler. An Bord leben kann man auch auf spartanisch kleinen Segeljachten. Unser erstes Kajütboot war

39

nur sechs Meter sechzig lang. Damit hatten wir vielleicht die schönsten Erlebnisse als neues Mitglied in der Fahrtensegler-Familie. Die folgenden Seiten sollen Ihnen die Entscheidung erleichtern.

NEUE SCHIFFE SIND EIN RISIKO

Ob Sie ein neues oder gebrauchtes Boot kaufen, hängt nicht allein vom Stand Ihrer Finanzen ab. Nach unseren Erfahrungen mit werftneuen Jachten ist das Sicherheitsrisiko dort größer als bei einer gut gepflegten, älteren Fahrtenjacht.

Eine Werft arbeitet immer unter Zeitdruck, da mangelt es häufig an der Endkontrolle lebenswichtiger Teile. Die Steuerseile müssen zum Beispiel nach wenigen Stunden Betrieb nachgestellt werden, sonst springen die Leinen über den Quadranten und Sie sind steuerlos. Haben Sie eine Notpinne dabei? Gut so.

Was machen Sie, wenn Ihnen folgendes passiert: Wir stechen mit vollen Segeln zur ersten Ausfahrt aus dem alten Jachthafen von Marseille. Fünf Windstärken lassen die nagelneue »Larantuka« kraftvoll durchs Wasser gleiten. Absolute Hochstimmung an Bord. Keiner hört ein leichtes Vibrieren am Heck. Mit Schwung drehe ich das Ruder zur ersten Wende. Im gleichen Moment wird mir das Ruder fast aus der Hand gerissen. Es ist mit einem Schlag voll blockiert. Weder nach rechts noch nach links läßt sich das Ruder drehen; wir segeln voll auf die Steilküste zu. Noch etwa 60 Meter bis zum Crash. »Fock backstellen, macht schnell, ganz schnell, sonst stranden wir!« Hektische Momente, ganz langsam dreht sich unser neues Traumschiff auf den anderen Bug. Das ging gerade noch einmal gut. Wir bergen alle Segel und überlegen. Der Werftvertreter sitzt blaß im Cockpit: »So etwas habe ich noch nie erlebt«, stammelt der arme Mensch.

Ich muß ins Wasser, tauche, fühle, daß die Schraube mit Welle sich aus der Stopfbuchse herausgedreht und das Ruder voll blockiert hat. »Wasser im Schiff«, ruft Uschi, die geistesgegenwärtig die Bilge kontrolliert. Jetzt muß ganz schnell etwas geschehen. Von außen drücke ich unter Wasser die Schraube mit Welle in die Stopfbuchse zurück, und Uschi hält die Welle von innen mit der Gripzange fest. Wir segeln in den Hafen zurück. Endlich findet auch der Werftvertreter wieder seine Fassung.

40

Ohne Kentertest sind kleine Seekreuzer ein gewisses Sicherheits-Risiko auch am Mittelmeer. Ein ausgeschäumter Rumpf ist besser als eine Rettungsinsel

Die Ursache war ganz einfach. Die Hardyscheibe mit der Gummidämpfung war nicht ordnungsgemäß von der Werft mit den vier Schrauben arretiert worden.

Noch ein Beispiel: Bei der vorher gekauften Jacht fehlte ein Sprengring am oberen Vorstagbolzen. Reines Glück, daß wir mit achterlichem Wind zur Jungfernfahrt aus dem Hafen segelten. Am Wind hätte es uns den Mast kosten können.

Sie können auch den Kiel Ihrer neuen Jacht verlieren. Im Herbst '85 passierte es gleich bei zwei Regattajachten, die unerprobt ins Rennen gingen. Sie müssen dabei nicht unbedingt Ihr Leben hergeben, aber sicherer fährt man auf einer ständig gepflegten Jacht, die schon einige Seemeilen hinter sich hat.

Der Vorbesitzer hat die Kinderkrankheiten ausgemerzt, hat viel Herzblut in sein Boot investiert, davon protivieren Sie als nächster Besitzer. Die Ausrüstung wird fast komplett sein. Wenn Sie mit Ihrer kostbaren Arbeitszeit rechnen müssen, verdienen Sie allein durch die gesparte Zeit im

Ausrüstungsgeschäft eine Menge Geld. Unter dem Strich werden es zwischen 10 und 30 Prozent vom reinen Schiffswert sein.

Unbezahlbar sind die Erfahrungswerte, die der Vorbesitzer im Laufe der Jahre mit seinem Schiff gesammelt hat. Es kann Ihnen nämlich kein Werftvertreter verbindlich sagen, wie lange zum Beispiel sich das Trinkwasser im Tank frisch hält. Auf unserer jetzigen »Larantuka« würde ich jederzeit auch nach sechsmonatiger Liegezeit Wasser aus dem Edelstahltank trinken. Beim letzten Boot war der Tank aus GFK-Kunststoff. Dort schmeckte ich das Styrol-Lösungsmittel schon nach wenigen Tagen.

Wieviele Tropfen Wasser kommen aus der Stopfbuchse ins Boot? Wieviele Umdrehungen muß ich die Stopfbuchse nachstellen, zwei oder zehn Umdrehungen? Das alles kann Ihnen nur der Besitzer mitteilen, weil jede Stopfbuchse sich anders eingelaufen hat.

Die Segelgarderobe wird auf einem gebrauchten Boot komplett sein, wenn nicht, haben Sie sofortige Erfahrungswerte, wie stark Ihr neues Boot strapaziert wurde. Wurde fast nur die Genua gefahren? Gut so, dann hat die Jacht bisher wenig schweres Wetter erlebt. Am Zustand der Segel kann ein erfahrener Segler den »Segelcharakter« des Vorbesitzers erahnen.

Den idealen Einstieg fürs Leben auf dem Wasser bieten die französischen Kanäle. Navig France-Flußboot im Elsaß. Führerschein wird nicht verlangt

Schauen Sie in die Bilge; schwabbt dort eine ölige Brühe, dann stimmt so manches am Schiff und am Eigner nicht.

Wir sind mit unserer »Larantuka« sehr zufrieden und möchten in den nächsten Jahren kein neues Schiff kaufen. Nach allem, was wir bisher mit unseren vier werftneuen Jachten erleben mußten, gibt es für uns nur noch eine Wahl: Ein liebevoll gepflegtes gebrauchtes Boot.

GROSS ODER KLEIN – DER KOMPROMISS BLEIBT

Fasziniert blickt eine vierköpfige Familie vom Hafenkai in Cartagena auf unser Boot hinunter. Uschi fährt das Anlegemanöver. Ich stehe sprungbereit im Bug und werfe dann die Vorleine über den Poller.: »Ja, kann Ihre Frau denn das große Boot ganz allein steuern, wie macht sie das bloß?« Solchen Fragen begegnet jeder Segler, der allein oder zu zweit auf einem relativ großen Boot unterwegs ist.

Wir hatten zu Beginn wirklich Respekt vor großen Jachten. Groß war für uns schon ein neun Meter langes Boot, wenn es auf der Bootsmesse so vor einem stand. Im Wasser ist das »Riesenschiff« nur noch halb so groß. Kaum größer als unser Jugendkutter, auf dem wir segeln gelernt hatten.

Ein großes Boot muß sorgfältig bedient werden, dann läßt es sich eher leichter fahren als ein kleines Kajütboot von sechs Meter Länge. Eine gute Zweimann-Crew kann unter normalen Seebedingungen eine 50 Tonnen schwere, 20 Meter lange Fahrtenjacht einwandfrei führen. Alain Colas fuhr die über 80 Meter lange »Club Mediteranée« beim OSTAR-Rennen allein über den Atlantik. Danach wurden solche Riesenjachten bei Solorennen verboten. Ich meine, zu Recht.

Charterskipper segeln große Jachten mit kleinster Stammbesatzung. Ihre Existenz steht bei jedem schwierigen Manöver auf dem Spiel. Beobachten Sie diese Berufssegler beim An- und Ablegen, da sehen Sie den Unterschied zwischen einem umsichtigen Schiffsführer und einer Chaotenmannschaft. Die Größe Ihrer zukünftigen Jacht hängt also von Ihren eigenen seemännischen Fähigkeiten ab.

Kleine Jachten haben auch ihre Vorteile. Die Bedienung ist unkompliziert und weniger teuer. Unser letztes Trailerboot war 2,3 Tonnen schwer. Der Hauptanker wog 15 kg und konnte leicht per Hand eingeholt werden. Die fünf Meter längere »Larantuka« wiegt 12 Tonnen und ihr CQR-Hauptanker ist 35 kg schwer. Dazu kommen 70 Meter 10-mm-Kette.

Wenn Sie auf 20 Meter Wassertiefe ankern, z. B. bei den Pitons auf St. Lucia, brauchen Sie eine kräftige Ankerwinsch, sonst bekommen Sie allein den Anker samt Kette nicht mehr hoch. Viele Jachten fahren mit kurzer Kette und langer Trosse, weil sie keine Ankerwinsch besitzen. Sie werden auf eine starke Ankerwinsch bei einem 14-Meter-Schiff nicht mehr verzichten können. Für das entsprechende Ankergeschirr legen Sie gut 5 000 Mark auf den Tisch des Jachtausrüsters. 4 000 Mark preiswerter wird Ihr Anker auf der kleineren Acht-Meter-Jacht sein. So geht das mit jedem Zubehörteil.

Erst recht merken Sie den Unterschied von einer kleinen zu einer größeren Jacht beim Putzen. Deckschrubben bedeutet bei unserem jetzigen 12 x 3,50-Meter-Boot 90 Minuten harte Arbeit für zwei Mann. Ein Teakdeck will richtig gebürstet werden. Das 8 m x 2,50 m Kunststoff-Deck unser letzten Trailerjacht war in 20 Minuten blitzblank. In einem Nachmittag konnte ich das kleine Boot vom Unterwasserbewuchs säuber, grundieren und zwei Mal mit Unterwasserfarbe streichen. Bei der größeren Jacht arbeiten zwei Mann drei Tage lang daran.

Deshalb sollten Sie Ihr Boot auch nach dem Wartungs- und Bedienungsaufwand aussuchen. Ein größeres Boot ist komfortabler auf See und am Ankerplatz, aber der hohe Pflegeaufwand steht selten im richtigen Verhältnis zum gewonnenen Komfort. Es ist wie beim Camping. Ein großes Bungalowzelt bauen Sie nur einmal im Urlaub mit viel Mühe auf. Das kompakte Rucksackzelt steht in fünf Minuten für eine Zeltnacht bereit. Bei einer größeren Jacht wird Ihnen die Maschine eine Menge Arbeit bereiten, die Sie selbst bewältigen müssen. Bei kleinen Jachten ist die Wartung des kleinen Einzylinder-Diesel ein netter Zeitvertreib. Kleine Jachten werden fleißiger gesegelt, weil große Jachten mehr Aufwand bedeuten. Deshalb bleiben viele größere Jachten tagelang am gleichen Ankerplatz liegen. Zugeben werden das wenige Fahrtensegler, aber es ist schon was dran, wie ich aus eigener Erfahrung leider feststellen muß.

Der Spaß am Segeln wird mit einem großen Schiff nicht größer sein als mit einem Kleineren. An Bord leben läßt es sich allerdings auf größeren Jachten ungleich besser. Deshalb werden auch immer mehr größere Jachten gekauft. Zurückstecken wollen wenige Segler, obwohl es oft sinnvoll wäre.

Die meiste Zeit werden Sie als zukünftiger Fahrtensegler sich unter oder auf Deck vor Anker befinden. Selbst bei einer vierjährigen Weltumseglung werden Sie kaum länger als 300 Tage tatsächlich segeln. Darum ist eine sinnvolle Inneneinrichtung wichtiger als ein halber Knoten mehr Fahrt.

Umgebaute klassische Ostseekutter sind bei Langzeitseglern im Mittelmeer beliebt. Der Wartungsaufwand ist gegenüber einer GFK- oder Stahljacht beträchtlich größer

Wie gut sich eine Jacht fürs Fahrtensegeln eignet, merken Sie meist, wenn es zu spät ist. Ihr ganzes Seglerleben lang werden Sie die Inneneinrichtung verbessern. Einen Schlußstrich wird es nicht geben, solange Sie auf dem Wasser sind.

Dafür sorgt schon Ihre bessere Hälfte. Seglerfrauen wissen viel besser als wir Männer, ob eine Bordküche praktisch eingeräumt ist oder nicht. Hören Sie auf ihr Urteil, Sie erleichtern sich das Fahrtensegler-Dasein. Oder wollen Sie auf einem rolligen Ankerplatz nach einem anstrengenden Törn Abendessen kochen? Uschi lehnt an Bord die ganzen vermeintlich so nützlichen elektrischen Küchengeräte für den Haushalt rundweg ab.

Ein Stabmixer ist daheim wirklich praktisch, an Bord brauchen Sie dafür Strom, den Sie selbst produzieren müssen. Dazu einen sicheren Stauraum, wenn er nicht benutzt wird, und eine große Spüle, in der Sie die Küchenutensilien abspülen können.

Eine flache Handreibe tut es auch, braucht aber mehr Zeit. Was Uschi mit der Hand erledigen kann, wird per Hand gemacht. Als Fahrtensegler haben Sie Zeit. Wenn nicht, sollten Sie sich Zeit nehmen, sonst entgeht Ihnen vieles.

Vernünftige Segler komplettieren die Inneneinrichtung nach und nach. Erst wenn ein wirklicher Bedarf nach einem neuem Bücherbord besteht, sollten Sie es basteln. Fangen Sie viele Arbeiten gleichzeitig an, werden Sie vom Domino-Effekt überrollt. Jede Arbeit ist ein Dominostein. Sie fangen im Vorschiff mit einem Hängeschrank über der V-Koje an; weil Sie gerade mit der Stichsäge arbeiten, könnte man ja auch gleich noch das neue Zeitungsbord in der Hauptkajüte schreinern. Dann möchte Ihre Frau noch ein neues Geschirr-Ablagebrett endlich in Betrieb nehmen, also sägen Sie auch noch dieses Brett zurecht.

Jetzt haben Sie, grob überschlagen, sechs passende Flächen zugesägt, montiert wurde nichts. Stellen Sie sich dieses Chaos einmal genüßlich vor. Vorschiffskojen ausgeräumt, alles liegt auf den Mittschiffskojen. Die Küche ist kaum mehr wiederzuerkennen, Geschirr reibt sich an Profilleisten, Holzwerkzeug ziert den Navigationstisch. Überall Staub vom Bohren und Sägen. Jetzt klappen Sie und Ihre Dominosteine zusammen. Auf dem Schiff basteln will organisiert sein. Step by step, sagen die Amerikaner. Das mußte ich auch zuerst lernen.

TESTFAHRT MIT DEM CHARTERBOOT

Möchten Sie Ihr jetziges Auto noch die nächsten zwanzig Jahre fahren? Sehen Sie, genauso ist es mit dem Boot Ihrer Träume. Das Auto war auch mal ein Traum, heute zeigt der Tacho 78 000 Kilometer; so vergänglich sind Träume. Monatelang haben Sie Segelschiff-Prospekte gewälzt, Fachzeitschriften Wort für Wort konsumiert. Jetzt ist der Groschen gefallen: Sie haben Ihr Traumschiff gefunden.

Eitel Freude bei der Vertragsunterzeichnung. Wonnige Aufregung im Zubehörladen, Sie geben tausend Mark aus für unsinniges Zeug. Das Neueste, das Beste, das elektronisch Fortschrittlichste blendet Sie, vernebelt Ihren gesunden Menschenverstand. Dann, wenn das schöne neue Boot am Steg liegt, wachen Sie auf. Es ist totale Ebbe in der Kasse. Es reicht gerade noch zu einem kleinen Urlaub. Restaurants sind tabu, weil sie Geld kosten. Ein Mietwagen kommt für einen Landausflug nicht in Frage, weil es noch mehr Geld kostet. Die Frau beginnt über das Schiff zu

Unter der Aufsicht eines erfahrenen Skippers sind Flottillen Törns in Griechenland gut als Training für das eigene neue Boot

jammern, über das unüberlegte Finanzierungsgebaren ihres Ehemanns. Die Kinder nörgeln, weil sie nicht jeden Tag ein Eis bekommen. Schließlich kriegt der Kleine eine hinters Ohr, weil der Knoten wieder nicht hält. Ein Horrorgemälde? Stimmt nicht, alles selbst erlebt.

Ich bin mir sicher, daß Sie wie ich einen guten Rat nur schwer akzeptieren werden. Kaufen Sie Ihr erstes Schiff nicht, bevor Sie sich und Ihre Familie erst einmal bei einem Chartertörn getestet haben. Wer ein Schiff endlich finanzieren kann, kauft sich eines. Die Idee sitzt im Hirn, brütet dort monate- oder jahrelang vor sich hin und plötzlich gibt es kein zurück. Der Mann kauft sich ein Boot.

Dabei bietet ein Chartertörn ernsthafte Vorteile. Die großen Sportboot-werften besitzen eigene Charteragenturen. dort können Sie alle Jachten mit und ohne Skipper einige Tage und länger mieten. Sie lernen das Schiff Ihrer schlaflosen Nächte genau kennen. Lernen, darauf zu leben. Nach diesem Törn wissen Sie mehr. Die Toilette ist vielleicht eine Zumutung. Ihre Vorschiffskoje ist zwanzig Zentimeter zu kurz, der Schrank für Ihre Hosen viel zu klein. Konserven können Sie nur unter den Kojenpolstern lagern. Als Sie nach der letzten Dose Texanischer Bohneneintopf wühlten, kam Ihnen das Frühstück hoch. Man lernt auf dem Wasser das Boot erst richtig kennen. Der Chartertörn wird Ihnen und der Familie die Augen öffnen. Wollen Sie das aber wirklich?

In jedem Mann steckt ein Schuß Abenteuer. An Land ist er nur die Nummer 2 in der Familie. Wenigstens an Bord möchte er die Nummer 1 sein. Hier auf dem Boot kann er seine unterdrückten »Führungsqualitäten« ausspielen. Sich einem bezahlten Charterskipper unterzuordnen, kommt nicht in Frage. Frauen sehen darin keinen Persönlichkeitsverlust. Im Gegenteil. Sie lernen ganz schnell, was wichtig an Bord ist und vergessen das Unwichtige. Frauen sind für mich die besseren Segler, doch davon später.

Einen normalen Chartertörn lehnen Sie aus grundsätzlichen Überlegung ab? Dann versuchen Sie es mit einer Mitsegleragentur. Diese Agenturen vermitteln privaten Eignern Kundschaft, die Spaß am Segeln hat und dafür als vollwertiges Bordmitglied auch arbeiten muß. Eine Hand für Einen – alle Hände für Einen. (Adressen am Schluß).

Mitsegler-Agentur-Jachten sind Langzeit-Fahrtenjachten. Oft leben die Eigner das ganze Jahr darauf. Sie gewinnen also gleich zweimal. Sie lernen das Boot und Segeln kennen und profitieren von der Borderfahrung des Eigners. Diese Erfahrungen sind unbezahlbar für Ihre spätere Fahrtenseg-ler-Karriere. Ein Buch kann Sie mit den Problemen vertraut machen, die auf Sie zukommen. Gelöst werden Sie in der täglichen Bordpraxis. Deshalb sollten Sie vor dem Schiffskauf auf einer Fahrtenjacht ein paar Tage mitsegeln.

MELDEPFLICHT FÜR IHR BOOT?

Nach dem Internationalen Seerecht brauchen Sportboote nicht im Schiffahrtsregister geführt zu werden. Berufsschiffe, und dazu zählen auch Charter-Jachten, über 19 Meter Länge und 25 Tonnen (Brutto), müssen von der Seeberufsgenossenschaft abgenommen und registriert werden. Wer Personen gegen Entgelt befördert, muß seine Jacht ebenfalls abnehmen und registrieren lassen, sofern er deutsche Gewässer befährt. Wenn Ihre neue Jacht nicht über 19 Meter lang ist, können Sie die Seeberufsgenossenschaft zum Glück vergessen. Die Sicherheitsauflagen sind wirklich streng und kosten laufend Geld. Sie werden nämlich jedes Jahr kontrolliert.

Ganz formlos können Sie Ihr neues Boot beim nächsten Wasserschiffahrtsamt registrieren lassen. Für zehn Mark bekommen Sie ein Bootspapier mit Bootsnummer und einem schönen Stempel darauf sowie den Eintrag in das Sportbootregister. In einer Viertelstunde ist alles vorbei. Nehmen Sie den Kaufvertrag und die technischen Daten Ihres neuen Boots mit auf das Amt. Dadurch ersparen Sie sich Rückfragen. Selbstausgebaute Jachten werden genauso formlos angemeldet. Anmelden sollten Sie jedes Boot mit mehr als 5,9 PS oder 10 qm Segelfläche. Vielleicht möchten Sie eine Haftpflicht- und Kasko-Versicherung abschließen. Dann fragt die Versicherung nach der Bootsnummer. Ohne Bootsnummer keine Versicherung. Am Bodensee müssen Sie Ihr Boot beim Landratsamt anmelden und beim TÜV vorführen. In Stuttgart, Mannheim oder anderen Städten mit einem Wasserschiffahrtsamt muß das Boot nicht vorgeführt werden. Es kann durchaus im Mittelmeer liegen.

Wenn Sie in Frankreich segeln wollen, brauchen Sie eine sogenannte Rechtslagebescheinigung. Die bekommen Sie vom Motorjacht-Verband in Hamburg. (Adresse am Schluß des Buches). Die Franzosen erkennen das Internationale Sportboot-Zertifikat, das der DMV, ADAC oder Motorjacht-Verband ausstellt, nicht an. Weil es ein Verbandspapier ist, hat es für

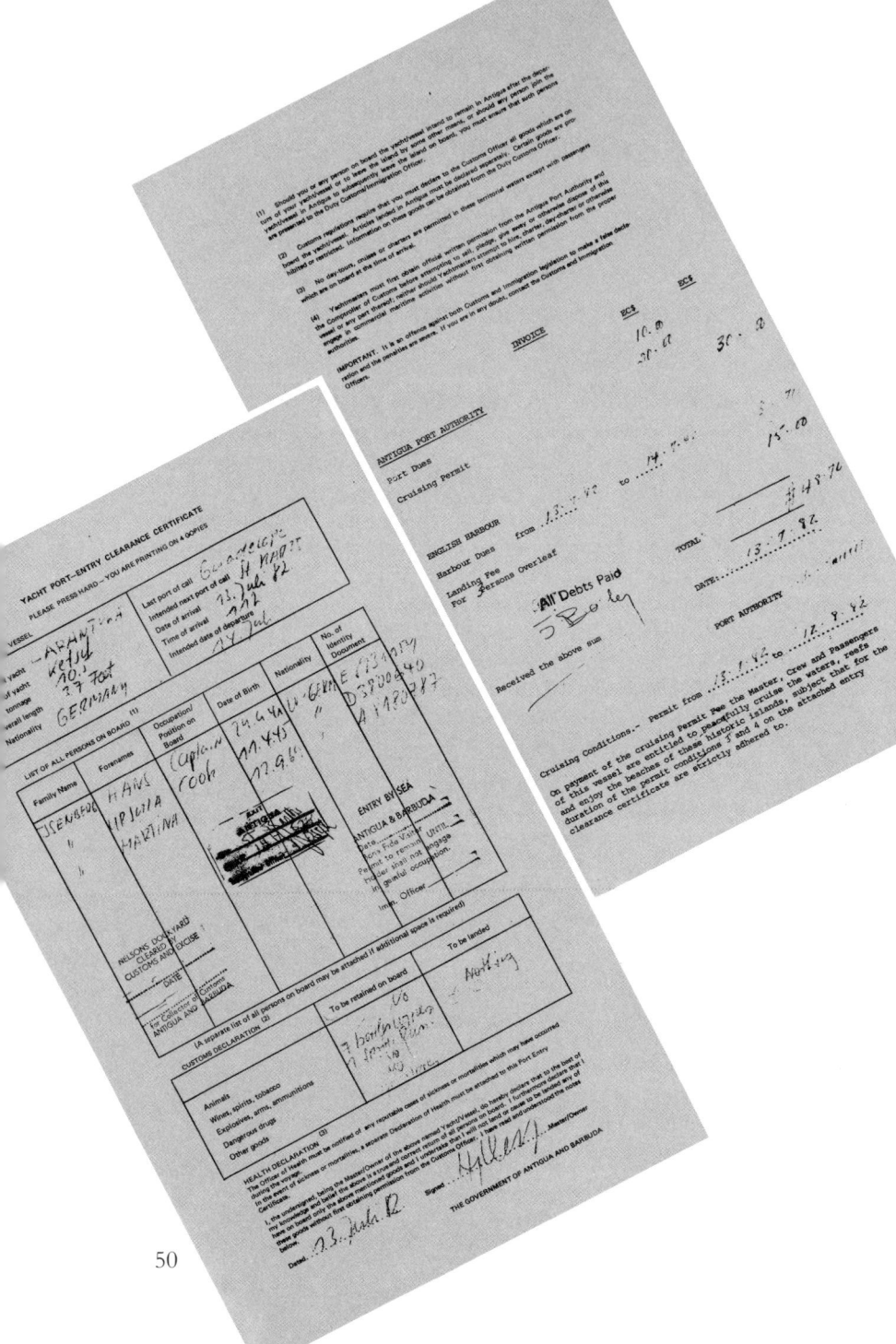

CLUB NÀUTIC
COSTA BRAVA Nº 000001
PALAMÓS

AMARRES TRANSEÜNTS

1500 Ptes.

Viele kleine Staaten in der Karibik betrachten die Einklarierungsgebühren als indirekte Steuerabgaben. An Hand der Formulare kann der Zöllner die Route verfolgen

TREASURY DEPARTMENT, ST. VINCENT
AND THE GRENADINES

Nº 619914

Bequia Revenue

ORIGINAL

OFFICE

23/3/ 19 82

Received this day from $ 47.50
the sum of T.Sensberg Haus

forty. Seven dollars and

fifty cents for yacht licence

N.A. for Larentuka

Accountant General

St. Lucia Port Authority

Nº 8001

Date 2 h -8

I certify that $ 15 00

Yachts Licence Act, 1971.

fee under the Yachts Licence Act 1971 has been paid in respect of

dollars licence

the yacht LARANTUKA of S. W/ Germany

(period)

for the

SEEN AT MARIGOT BAY day of

ending on the

GOVERNMENT OF SAINT LUCIA

Port officer.

CUSTOMS OFFICE

51

Franzosen keine rechtliche Gültigkeit. Bei der Rechtslagebescheinigung wird Ihr Schiff in einen Nebenzweig des Schiffahrt-Registers eingetragen. Klingt alles ziemlich kompliziert, ist aber nicht allzu schwierig. Sie brauchen für diese Prozedur zwei Fotos Ihres Boots, die technischen Daten und den Kaufvertrag. Dann müssen Sie noch rund 90 Mark bezahlen. Auskünfte s. o. Der Deutsche Motorjacht-Verband arbeitet dabei im Auftrag der Regierung und drückt auch einen schönen Bundesadler-Abdruck in das neue Bootspapier. Gefragt wurde ich danach bis jetzt nirgendwo. Weder im Mutterland Frankreich noch in den Überseedepartements Martinique und Guadeloupe. Andere Segler mußten 300 Mark Strafe bezahlen, weil das Boot für Frankreich nicht ordnungsgemäß registriert war. Die Wassersportabteilung des ADAC und die Segelverbände geben Ihnen gern weitere Auskünfte. Die französische Regierung hat diese Rechtslage-Bescheinigung nicht ohne Grund eingeführt. In der Vergangenheit haben Privatpersonen und Jachtimporteure mit dem Internationalen Verbandszertifikat als Besitznachweis den Zoll geleimt.

Spanien und die anderen Mittelmeeranrainer verlangen auf deutschen Sportjachten hin und wieder die Registrierungsnummer am Bug Ihrer Jacht. Nach dem Gesetz wird das für ausländische Jachten nicht verlangt, aber erklären Sie das einem kleinen Polizisten an der Costa Brava.

Auf den »Larantuka«-Fotos werden Sie die Nummer vermissen. Ich könnte sie jederzeit anbringen, weil ich Abreibe-Buchstaben dabei habe, aber bisher hatte ich keine Schwierigkeiten. Andere Fahrtensegler hatten in Griechenland ganz erhebliche Scherereien ohne angeklebte Bootsnummer. Deshalb, lieber kleben als ärgern. Das gilt in Zukunft auch für mich.

NOCH MEHR FORMALITÄTEN: DER FÜHRERSCHEIN

Ich möchte das Thema Führerscheinpflicht nur ganz kurz anschneiden. Es ist die Ausnahme, wenn ein Land einen Bootsführerschein verlangt. Deutschland gehört dazu. Auf großer Fahrt werden Sie, nach Erfahrungen der Weltumsegler und nach meinen 22 Jahren Seglerei, nie nach einem Führerschein gefragt werden. Der Beweis, daß Sie Ihr Schiff bis ins ferne Land gesegelt haben, genügt an sich überall auf der Welt.

Weshalb ich dennoch die Verbandsführerscheine und den Amtlichen Sportbootführerschein Küste in der Brieftasche habe, ist ganz einfach:

Deutsche Schiffsversicherer verlangen ein Befähigungszeugnis, wenn es gekracht hat.

In Europa könnten Sie in Holland, Italien, Griechenland nach dem einzigen offiziellen Führerschein gefragt werden, dem »Amtlichen Sportbootführerschein Küste«. Dieser Führerschein trägt den Bundesadler und ist damit ein amtliches Papier.

Die Verbandsführerscheine werden Ihr theoretisches Können verbessern, die Praxis kommt auf dem eigenen Boot schnell dazu. In der letzten Zeit wird sehr viel über den »Unsinn« der Verbandsführerscheine in der Fachpresse lamentiert. Ich sehe das Problem etwas differenzierter. Auf einer Schuljacht an der Ostsee werden Sie schon beim ersten Dänemark-Ausflug schnell merken, daß Fahrwassermarkierungen einmal kapiert werden müssen. In der Nacht sind Sie und Ihr Schiff purem Seemannsglück ausgeliefert, wenn Sie nicht die Lichterführung der anderen Schiffe richtig deuten können. In der Straße von Gibraltar wurde unser Boot einmal um ein Haar von einem großen Fischkutter gerammt, nur weil ein guter Freund am Steuer die Positionslichter falsch interpretiert hatte. Sein Kommentar: »Seit sieben Jahre segle ich, aber daß ein Fischkutter bei der Arbeit mit dem Netz vorfahrtberechtigt ist, habe ich nicht gewußt.«

Ein guter Segellehrer wird Ihnen eine Seemannschaft demonstrieren, die weit über das Lernpensum hinausgeht. Deshalb sind Ausbildungstörns außerhalb der normalen Segelsaison ihr Geld wert. Sie können an Weihnachten zum Beispiel von Hamburg nach Helgoland auf einer Schuljacht segeln und dort mehr lernen als auf einem sieben Tage-Törn bei sommerlicher Flaute. Glühwein ist an Bord vorhanden.

Wenn die Führerscheinfrage in der Familie intern geklärt ist, sollte Ihre Frau oder Ihr Kind den »Amtlichen Sportbootführerschein Küste« gleich mitbuchen. Sie können einen Rabatt verlangen. An Bord ist die Frau damit seglerisch gleichberechtigt, was bei uns noch nie geschadet hat, und der Sicherheit dient.

Private Segelschulen müssen für die Schulung mehr Geld verlangen als Vereine. Die Prüfung geschieht über die gleiche Kommission. Sie müssen also ebenso viel lernen.

Noch ein Tip: Kann die private Segelschule nach der üblichen Jollen- und Miniatur-Motorbootausbildung auch Schulungstörns auf größeren Jachten durchführen? Ist das Lehrmaterial modern? Wird auch mit Video geschult? Wenn ja, sollten Sie einen kostenlosen Einführungsabend in der privaten Schule besuchen. Das ist unverbindlich und zeigt die pädagogischen Fähigkeiten des Schulleiters – und darauf kommt es wirklich an.

SCHIFFSVERSICHERUNG VOM SPEZIALISTEN

Eine Schiffsversicherung ist gut fürs Gemüt, muß aber nicht sein. Wer ständig an Bord lebt, braucht keine Vollkasko-Versicherung. Nur ein verschwindend kleiner Prozentsatz von Weltumseglern hat das Boot versichert. Eine Jahresprämie um 5 000 Mark schreckt viele ab. Soviel kostet etwa ein 150.000 Mark teures Fahrtenschiff, wenn es auch in versicherungstechnisch gefährlichen Zonen versichert sein soll.

Unser jetziges Boot ist wieder kasko-versichert. Nach 22 Jahren Segeln wurde es vor vier Jahren auf den Azoren ausgeraubt. Die Pantaenius-Versicherung hat ohne Verzögerung den Fall abgewickelt. Es verbleiben 21 Jahre »umsonst« gezahlte Versicherungsprämien. Nach der Milchmädchenrechnung hat nur die Versicherung kassiert.

Ich sehe die Sache anders. Wer zu Hause ein ordentliches Vermögen hat, braucht keine Schiffsversicherung. Vermögen habe ich keines und kann es auch in Zukunft nicht erwarten. Deshalb bleibt mir nur die Schiffsversicherung. An Land ist alles etwas einfacher. Auto und Motorrad sind bei uns nie vollkaskoversichert. Da muß ich für die eigene Dummheit bezahlen, wenn etwas passiert. Beim Schiff kann ich nicht 12 Monate im Jahr darauf aufpassen, deshalb fahren wir mit einer Versicherung zur See.

Haftpflichtversicherungen sind in Italien und Griechenland für jedes Sportboot über 6 PS vorgeschrieben. Sie kosten knapp 200 Mark im Jahr und decken Schäden bis 1 Million Mark ab. Einen Supertanker-Kapitän bringen Sie dadurch nicht zum Ausweichen. Der weiß ganz genau Bescheid, daß sein möglicher Schaden nie von einer Sportboot-Haftpflichtversicherung abgedeckt werden kann.

Sie könnten aber in einer Marina die Tanksäule umfahren oder einen Lichtmast ins Hafenbecken fallen lassen, dafür reicht die Haftpflichtversicherung aus. Fängt Ihr Schiff in einer dicht belegten Marina an zu brennen, haben Sie unter Umständen Pech, wenn durch Ihre Fahrlässigkeit die Versicherung nicht bezahlen will. Sie werden unter Umständen eingelocht, bis Sie oder Ihre Versicherung den Schaden bezahlt hat. So geschehen in einer Marina in Italien.

In Mexiko wurde ein amerikanischer Segelfreund in Sicherheitsverwahrung genommen, weil er der einzige Zeuge bei einem Kapitalverbrechen war. Drei Monate lang durfte Jim sein beschlagnahmtes Boot nicht verlassen. Der Prozess dauerte nur zwei Tage. Jim bekam keinen Dollar Schadenersatz für seinen unfreiwilligen Aufenthalt in Mexiko bezahlt.

Hafeneinfahrt verpaßt, die kleine amerikanische Jacht ist ein Totalschaden. Ein kleines, 50 000 Mark teures Mißverständnis

Gleich bei wem Sie eine Vollkasko- oder eine Haftpflichtversicherung abschließen, nehmen Sie eine Agentur, die sich mit Schiffsversicherungen auskennt. Sie erleichtern sich dadurch den Umgang mit der Versicherung. Man kennt dort die Probleme mit dem Landtransport, dem Abbergen, mit Mastbrüchen und dem Regattarisiko.

Schließen Sie nur eine echte Neuwertversicherung mit fester Taxe ab. Nur mit der festen Taxe bekommen Sie im Schadensfall so viel Geld, wie Sie damals für Ihr Schiff bezahlt haben. Mit einer Zeitwertversicherung können Sie ein böses Erwachen erleben. Denken Sie dabei an die Vollkasko-Bedingungen beim PKW; wann bekommen Sie dort den vollen Gegenwert wieder zurück? Autovollkasko-Versicherungen sind immer Zeitwert-Versicherungen.

Mit der Spezialversicherung können Sie ohne Prämienerhöhung das versicherte Fahrtengebiet kurzfristig erweitern oder auch einige Monate ausdehnen. Sie können das gelegentliche Chartern gegen einen geringen Aufpreis mitversichern lassen. Adressen von Spezialversicherungen finden Sie am Schluß des Buches.

DIE KRANKENVERSICHERUNG IM AUSLAND –
WER ZAHLT?

Sehr viele Langstrecken-Segler fahren ohne Krankenversicherung aufs Meer hinaus. Die meisten haben einfach kein Geld dazu und verstecken sich hinter der bekannten Fassade: »Das Leben auf dem Meer hält mich gesund, nur das Landleben macht krank.« Da ist natürlich schon was dran. Ohne Telefon lebt es sich geruhsamer. Gestank und Lärm belasten unsere Nerven nicht mehr. Schwierigkeiten kann ich manchmal einfach davonfahren, an Land muß ich mit dem ungeliebten Kollegen auskommen. Auf See wird der Mensch ausgeglichener. Er sieht seine Mitmenschen aus einer angenehmeren Perspektive, krank werden kann er trotzdem.

Ich kann es mir einfach nicht leisten, einen teuren Krankenhausaufenthalt selbst zu finanzieren. Deshalb lassen wir unsere Krankenversicherung zu Hause weiterlaufen, wenn es auf See geht.

Vor unserer letzten Karibik-Reise ließ ich mir von der Versicherung präzise Auskünfte über das Abrechnungsverfahren mit ausländischen Ärzten geben. Fazit:»Nur im französischen Martinique und Guadeloupe wird mein Auslands-Krankenschein bei einem Krankenhausbesuch anerkannt. Ansonsten Bar-Kasse voraus und nachträglich Kostenrückerstattung. Alle noch so schönen Auslands-Reise-Zusatzversicherungen nutzen Ihnen da gar nichts. Zuerst müssen Sie bezahlen.

Bei amerikanischen Ärzten können Sie wenigstens mit der Kreditkarte bezahlen. Einem spanischen 24-Stunden-Praxisarzt in Porto Christo/Mallorca bezahlte ich im Herbst 85 für eine Tetanusimpfung, etwas Verbandzeug und antiseptische Salbe stolze 180 Mark. Obwohl ich den Auslandskrankenschein dabei hatte, galt die Devise: »Zuerst wird bar bezahlt«. Ich würde als spanischer Arzt auch nicht monatelang auf mein Geld warten wollen.

Wenn es Sie im Ausland wirklich erwischt, hilft nur die »Flucht« ins staatliche Krankenhaus, und wenn Sie dafür die Bordkasse leeren müssen. In Krankenhäusern wird Ihnen selbst bei Zahnschmerzen geholfen. In fast allen Dritte-Welt-Krankenhäusern ist die Behandlung auch für Ausländer kostenlos oder sehr kostengünstig. Der Tagessatz im Krankenhaus von Kingstown/St. Vincent beträgt zum Beispiel sechs Mark! Schwierige Fälle können Sie mit einer Rückhol-Versicherung durch die Deutsche Flugrettung Stuttgart mildern. Die Flugrettung muß Sie nicht nach Hause transportieren, sie kann, wenn die medizinische Versorgung es erfordert.

Glauben Sie mir, es kommt darauf an, wieviel Druck Ihr Kontaktmann in Deutschland auf die Luftrettungszentrale ausübt. Als Journalist hat man Einblicke in dieses Geschäft mit der Luftrettung. Für eine gute PR-Aktion wurde da schon manchem blitzschnell geholfen.

Im Vergleich zur normalen Krankenkasse sind die knapp hundert Mark Luftrettungs-Beitrag gut angelegtes Geld für Sie und Ihre Familie, wenn Sie auf Langfahrt gehen.

Als deutscher Segler können Sie sich auch im Ausland bei einer ausländischen Versicherung krankenversichern lassen. Die Beiträge werden Sie in den ärmeren EWG-Ländern schon überraschen. Dreißig Mark für einen Monat sind keine Seltenheit. Fragen Sie Ihre ausländischen Freunde einmal nach ihrer Versicherung in der Türkei, in Griechenland und den anderen Mittelmeerländern. Selbst in Kanada ist der Satz 180 Mark. Von der ausländischen Versicherung werden Sie nach einem Wohnsitz gefragt. Sagen Sie z. B. »Club Nautico-Marina Puerto de la Selva«, das reicht, wenn Ihr Schiff dort schon ein paar Wochen lag. Sonst eine Adresse von ausländischen Bekannten angeben.

Ein Verwandter von uns lebt seit Jahren in Frankreich und hat seinen ersten Wohnsitz in einer Kreissparkasse in Baden Württemberg. Dorthin werden Rentenüberweisungen bezahlt und von dort wird die deutsche Krankenversicherung abgebucht.

Selbstverständlich können Sie auch wechselnde Wohnsitze in Form von Postfächern im Ausland haben. Meine amerikanischen Segelfreunde können sich ein Seglerleben ohne Postfach gar nicht vorstellen. Auch die Krankenversicherung ist mit einem Postfach zufrieden. Aber sagen Sie nie, daß Ihr Wohnsitz ein Boot im Mittelmeer ist, auch wenn es doppelt so teuer wie eine Stadtwohnung ist. Oder möchten Sie als asozialer Aussteiger gelten? Nein, Sie befinden sich auf einer Studienreise mit dem Schiff im Ausland, das klingt besser.

Wenn es am Geld hinten und vorn mangelt, sollten Sie die Minimalbeiträge Ihrer Versicherung weiterlaufen lassen, aber fahren Sie nicht unversichert los. Die Abhängigkeit von der Großzügigkeit anderer Mitmenschen würde mich vielleicht schon krank werden lassen. Gerade mit dem Fahrtensegeln wollen Sie ja Ihre Unabhänbgigkeit zeigen, und die setzen Sie ohne Krankenversicherung leichtfertig aufs Spiel.

GELD VERDIENEN IM AUSLAND

Die wirklich »reichen« Fahrtensegler sind die Rentner. Sie bekommen ihr sauer verdientes Ruhegeld automatisch überwiesen, auch ins Ausland. Düsenjäger-Piloten sind schon mit 40 Jahren Rentner, da läßt sich noch eine Menge anfangen.

Früher oder später möchte fast jeder Fahrtensegler etwas Geld mit seinem Hobby verdienen. Das Schiff ist vorhanden, warum nicht Charter fahren? Natürlich verbieten die entsprechenden Landesgesetze eine Vercharterung am Mittelmeer. Chartern gilt als Gewerbe, und dafür müssen Steuern bezahlt werden.

Wo kein Kläger ist, kann ich Charter fahren, sagen sich viele Langzeitsegler. Bei einer gelegentlichen Mitnahme von zahlenden Gästen drücken die Hafenmeister und Polizisten schon ein Auge zu. Große Jachten mit acht und mehr Kojen gelten als verdächtig und werden entsprechend sorgfältig beobachtet. Der illegale Vercharter muß ja nicht die ganze Segelsaison lang Gäste im gleichen Hafen ein- und ausladen.

Offizielles Verchartern ist mit dem Steuerabkommen innerhalb der EG jederzeit möglich. Nur muß dafür die Genehmigung bei der Industrie- und Handelskammer eingeholt werden. In Frankreich muß lediglich die Mehrwertsteuer der Chartergebühr (18 %) entrichtet werden. Bei einem 1000 Mark / 14-Tage-Charter 180 Mark Mehrwertsteuerabgabe.

Wenn Sie illegal zahlende Gäste mitnehmen, müssen Sie mit einer Strafe von 5 000 bis 8 000 Mark in Frankreich rechnen. Angezeigt werden Sie eher von ansässigen Charterfirmen als vom Hafenmeister oder von der Polizei. Wenn Sie die Charterei im sehr kleinen Umfang zur Kostendeckung laufen lassen, werden Sie eventuell mit einer Verwarnung davonkommen.

In der Karibik ist das alles viel einfacher. Sie sagen dem Zöllner beim Einklarieren Ihre Reiseroute. Charterschiff »Ja« oder »Nein«. Wenn Ja, doppelte Einklarierungsgebühr, damit dürfen, ja sollen Sie Charter fahren. Das bringt Geld in die Staatskasse und wird ausdrücklich in den Grenadinen, St. Lucia und Antiqua begrüßt. Im französischen Martinique, Guadeloupe und in den amerikanischen Virgins dürfen Sie als Deutscher keine Charter fahren. Sie müßten ein Gewerbe anmelden.

Außer Charterfahrten bieten sich für Mechaniker, Polsterer, Segelmacher, Schreiner etc. genügend Verdienstmöglichkeiten am Ankerplatz oder in einer großen Marina, sofern Sie clever sind. In Gibraltar repariert ein

Geschickte Handwerker können sich am Mittelmeer gut mit Werftarbeiten den Lebensunterhalt verdienen. Hafen von Porto Christo/Balearen

hängengebliebener Segelmacher innerhalb von 24 Stunden jedes kaputte Segel. Seine Werkstatt ist sein Schiff und der Anlegesteg. Werbung betreibt er mit einem kleinen Handzettel, den seine Freundin jedem neuen Schiff ins Cockpit steckt. Eine prima Idee.

Noch ein paar Tips: Eine deutsche Nationalflagge kostet etwa 40 Mark. Für eine französische Gastflagge müssen Sie 18 Mark anlegen. Selbst hergestellt wird Sie die große Nationale 6 Mark kosten. Die Gastflagge fertigen Sie für drei Mark an. In einer großen französischen oder spanischen Marina können Sie innerhalb von wenigen Stunden mindestens 50 Flaggen an deutsche Segler verkaufen. Da bleibt was hängen.

Masten streichen, Teakdecks abziehen, Handläufe lackieren, Bilgen reinigen, Ölwechsel durchführen, überall können Sie in großen Marinas Arbeit finden, sofern Sie das Herz auf dem rechten Fleck haben. Suchen Sie nach den unangenehmsten Arbeiten, dann sind Sie ein gefragter Bootsmann. Schiffe steuern können viele, aber pflegen will sie keiner gern. Ich verdiene meinen Lebensunterhalt damit Bücher zu schreiben. Sicher ein Wunschtraum vieler Fahrtensegler. Das Problem ist weniger das Schreiben, sondern das Thema einem Verlag zu verkaufen. Verdient wird erst hinterher. Sie bekommen zwischen 7 und 10 % vom Verkaufspreis. Verkauft sich Ihr Buch gut, verdienen Sie nicht schlecht. Produzieren Sie einen Ladenhüter, haben Sie praktisch umsonst gearbeitet und sind einen Verlag los. Wenn Sie für Fachzeitschriften schreiben, bekommen Sie das Honorar früher. Eine große Farbgeschichte in Deutschlands führenden Fachzeitschriften reicht für einen Unterwasseranstrich. Streichen Sie einer Charteragentur die Unterwasserschiffe, verdienen Sie mehr Geld mit geringerem Zeitaufwand. Schreiben macht dafür mehr Spaß.

Als Sporttaucher können Sie 200 Mark für jeden geretteten Anker kassieren. Soviel muß auf Palma de Mallorca und in Bastia bezahlt werden. Wer taucht aber schon gern ins ölige Hafenbecken?

Annegret hat mit selbstgemachten Marmeladen für Charterjachten gute Umsätze getätigt. Der Einmachkochtopf nimmt allerdings viel Platz weg und Marmelade ist in der Herstellung zeit- und kostenintensiv.

Mit »fancy-work« läßt sich ein Zubrot verdienen. Harry hat sich durch bemalte Buttons in den letzten zehn Jahren eine Jacht verdient. Bruno betreibt auf Korfu eine Fahrradvermietung und lebt auf seinem Boot. Windy versorgt in Antibes französische Jachten mit Proviant, der über das Frunksprechgerät an Bord ihrer »Grand Louis« bestellt wurde.

Richtig Geldverdienen bedingt einen ständigen »Wohnsitz« in einer teuren Marina. Dort legen die großen Charterjachten an, die froh sind über

**Mein Freund Elmar paßte dieser spanischen Jacht eine gut passende Persenning an.
Der Verdienst reichte für zwei Monate Segeln**

manchen fleißigen Bootsmann, der die Dreckarbeit übernimmt. Putzen, schrubben, schleifen und malen für andere Leute, die Ihnen genüßlich auf die Finger sehen – ist das Ihre Zukunft auf dem Wasser?
Nein, Geldverdienen sollten Sie dort, wo Sie die besten Chancen haben: An Land.

KEIN ÄRGER MIT DEM ZOLL

Angst vor Behörden braucht niemand zu haben. Dennoch sitzt das »angeborene« Mißtrauen vielen Fahrtenseglern im Nacken. Hafenmeister werden knapp toleriert, Zöllner und Polizisten werden gemieden, wann immer es geht.
Daraus entsteht oft Mißtrauen von beiden Seiten. Die Obrigkeit traut den

Yachties nicht über den Weg, und wir verkriechen uns noch mehr in unzugängliche Schlupfwinkel. Dann gibt's Geschrei. Bußgelder müssen bezahlt werden und gar nicht zu selten wird das Schiff an die Kette gelegt. Dabei sind die Regularien, sprich Gesetze, in jedem Land die gleichen. Einklarieren heißt das in der Fachsprache. Der Skipper legt im ersten Hafen im neuen Land die Pässe der Besatzung vor und füllt auf einem Formular die Personalien von Schiff und Besatzung aus. In Spanien will die Polizei die gleichen Angaben noch einmal auf einem zweiten Formular haben. Zwei Behörden – zwei Formulare. Schließlich möchte auch noch das Hafenamt in Gestalt des Hafenmeisters die Daten von Schiff und Besatzung wissen.

Ähnlichen Papierkrieg verlangen auch unsere Meldebehörden mit dem Hotelmeldeformular. Reist man als Fluggast nach Amerika, Südafrika oder auch nach England, überall wird nach dem Woher und Wohin gefragt. Wer sich dagegen sträubt, sollte die Langstreckensegelei gleich an den Nagel hängen. Ein- und Ausklarieren gehört zum Leben eines Fahrtenseglers wie frische Brötchen einkaufen oder Wasser fassen.

Rund ums westliche Mittelmeer dauert Ein- und Ausklarieren höchstens eine Viertelstunde. In den meisten französischen und spanischen Häfen füllt man im Hafenbüro selbst die Formulare aus. In Gibraltar erledigen die Behörden den Schreibkram. In acht bis zehn Minuten ist alles schon vorbei. Wer die Landessprache nicht beherrscht, sollte sich die zwanzig Worte Englisch aus dem Reeds Nautical Almanach herauslesen. Dort werden in fünf Sprachen die wichtigsten zolltechnischen und seemännischen Begriffe erläutert. Die meisten Einklarierungsformulare werden in der Landessprache und in Englisch vorgelegt, und damit gibts keine Schwierigkeiten.

In Griechenland, Portugal und der Türkei bekommt der Skipper ein Transit-Log im ersten Einklarierungshafen ausgehändigt. Darin stehen der Einreisetag, Crewliste und mehrsprachig die wichtigsten Bestimmungen, etwa wie lange die Jacht im Land bleiben darf, etc. Das Transit-Log wird manchmal vom nächsten Hafen oder Zollamt kontrolliert. Bei der Ausreise muß ausklariert werden. Gleiche Prozedur wie beim Einklarieren.

Wenn es Probleme gibt, hat der Kapitän Dreck am Stecken. Da stimmt zum Beispiel die Transit-Log Crewliste nicht mit den an Bord befindlichen Personen überein. Die Behörde vermutet, oft zu Recht, eine illegale Vercharterung. Oder es wurde erst im zweiten Hafen einklariert. Der Zoll vermutet Schmuggel, illegale Vercharterung und Personentransport oder ein Rauschgiftdelikt. Das verspätete Einklarieren kann Ärger bringen, muß aber nicht.

Der Schein trügt. In Griechenland und der Türkei werden ausländische Jachten auch in kleinsten Häfen von der Polizei diskret registriert. Ein Transitlog stellt der erste Einklarierungshafen aus

Spanische Zöllner gelten immer noch als recht humane Menschen. Französische Beamte sind nach meinen eigenen Erfahrungen oft ganz scharfe Kerle. Wer die amerikanischen Einwanderungsbehörden austricksen will, der kann sein Wunder erleben. Mein Freund Hans bezahlte zum Beispiel in Nizza 8000 Mark Strafe, weil er ohne Genehmigung Charter gefahren war. In Martinique mußte die Schweizer Jacht »Paloma« letztes Jahr 100.000 französische Francs bezahlen, weil sie, was jahrelang üblich war, neue Chartergäste dort übernommen hatte. Auch in den Überseedepartements gelten seit einem Jahr französische Gesetze. In Amerika darf nur ein amerikanischer Skipper zahlende Gäste auf einem Charterboot fahren. In Marokko bekam ich trotz vorher beantragten Visums die Auflage, mich in jedem Hafen beim Zoll und bei der Polizei zu melden. Jeden Tag eine dreiviertel Stunde Schreibarbeit in schmuddeligen Amtsstuben. Algerien vermiest Jachtseglern ganz bewußt den Aufenthalt im Land. Man möchte keine Segeltouristen beherbergen, die wenig Devisen bringen.

Das hört sich alles furchtbar negativ an. Tatsächlich aber hatte ich in den letzten Jahren nur einmal Ärger mit einem unverschämten Hafenpolizisten in der Marina Villamoura in Portugal. Er wollte mein Transit-Log von der potugiesischen Azoreninsel Horta einfach nicht anerkennen.

Ärger mit Behörden muß auch deshalb nicht sein, weil man der Obrigkeit ganz legal aus dem Weg gehen kann. Wer von Frankreich aus über die Costa Brava nach Spanien einreist, klariert in einem der letzten französischen Häfen ordnungsgemäß aus (St. Cyprien oder Port Vendres) und meldet sich in Puerto de la Selva, dem ersten spanischen Hafen, beim spanischen Zoll an. Bis nach Malaga muß kein weiterer Hafen angelaufen werden. Überall gibt es geschützte Ankerbuchten, die obendrein kostenlos sind. Nur zum Tanken und Wasserfassen würde ich eine kleinere Marina anlaufen. Dort möchte der Hafenmeister die Personalien festhalten. Zöllner und Polizisten können, müssen aber nicht zur Stelle sein.

Anders sieht es in den großen, städtischen Häfen aus. Dort kostet der Liegeplatz an der Pier wohl nur ca. zwei Mark pro Nacht, aber gegen neun Uhr morgens erscheinen Polizei und Hafenkommandantur zum Ausfüllen der schon bekannten Einklarierungsformulare. Wer früh morgens losfährt, erspart sich Fragerei. Das ist ganz legal, sofern im ersten spanischen Hafen einklariert wurde.

Laut Gesetz darf sich ein deutsches Schiff nicht länger als sechs Monate im Jahr in spanischen Gewässern aufhalten. Viele Segler leben schon seit Jahren auf dem Boot in spanischen Gewässern. Bisher ging alles gut, aber auch spanische Gesetzesmühlen sind inzwischen mit Computerlisten bestückt. In Las Palmas werden definitiv alle Jachten registriert. Ein englischer Segler mußte 3000 Mark bezahlen, weil er seit zwei Jahren dort am Hafenkai Paseo Maritimo lag. Selbstverständlich gibt es viele Segler, die in privaten Marinas wie Ampuriabrava/Rosas seit Jahren ihre Schiffe liegen haben. Sie bringen Geld ins Land, deshalb wird von den Behörden mit zweierlei Maß gemessen.

Ich verlege mein Boot mindestens alle sechs Monate in ein anderes Land. Das ist auf Dauer preiswerter, als wenn ich plötzlich 18 Prozent Zoll auf den Schiffswert bezahlen müßte. Polizei- und Zollkontrollen sind außerhalb der Häfen durchaus vorhanden, ohne daß manche Segler es mitbekommen.

In Cadaques/Costa Brava fahren Zollbeamte mit einem ganz normalen Fischkutter hinaus auf die See und beobachten mit dem Feldstecher, welches Boot sich von der französischen Küste den ersten spanischen Häfen nähert. Fährt ein deutscher Segler zuerst in die nahegelegene Bucht von Lligat, wo es keine Zollstation gibt, wird diese Jacht dem örtlichen Polizeiposten gemeldet.

Gegen Einbruch der Dunkelheit fahren zwei Polizeibeamte dann mit ihrem Landrover zu einem Aussichtspunkt oberhalb der Ankerbucht und registrieren jene Jacht, die frisch aus Frankreich kam. Früh am nächsten Morgen fährt der als Fischkutter »getarnte« Zollkreuzer zur deutschen Jacht und läßt sich die Papiere zeigen. 250 Mark Strafe und ein Eintrag in die Kartei sind obligatorisch. Den Ärger hat der Segler wohl verdient. Schließlich hätte er mit seinen Unterlagen auch zu Fuß ins nur zwei Kilometer entfernte Cadaques zum Einklarieren laufen können.

In Frankreich nehmen Zivilbeamte ausländische Jachten genau unter die Lupe, die aus einer großen Marina wie z. B. St. Cyprien auslaufen möchten. »Wo geht die Reise hin? Zeigen Sie mal die Papiere.« Wer ordnungsgemäß ausklariert hat, bekommt nie Schwierigkeiten, aber viele Segler halten das in Frankreich und Spanien einfach für unnötig. Tatsächlich passieren viele Jachten anscheinend unbemerkt die Grenze, aber wer kann schon Zöllner und Polizisten in Zivil erkennen, die wie Urlauber mit dem Schlauchboot durch die Gegend fahren? Der Zöllner in Zivil wird Ihnen seinen Dienstausweis zeigen. Reagieren Sie neutral. Etwas Freundlichkeit gegenüber Beamten hat noch nie geschadet. Dazu gehören auch ein sauber gewaschenes Hemd, Hose, Strümpfe und Bootsschuhe. In Amerikas Hamburger-Shops steht »No shoes , no shirt, no service« − das gilt erst recht für den Umgang mit der Obrigkeit − auch am Mittelmeer.

Fundierte Auskünfte über die Zollformalitäten in den Mittelmeer-Anrainerstaaten gibt die Wassersportabteilung des ADAC in München. Dort erscheint jedes Jahr eine Liste mit den neuesten Zollbestimmungen. Eine Lektüre, die sich lohnt, weil jedes Jahr neue Gesetze verabschiedet werden. Die Liberalisierung beim Zoll findet derzeit auch in der EWG nur äußerst mühsam Eingang in die Schreibstuben der Hafenbehörden. Die Lobby der Yachties müßte erst erfunden werden, Autofahrer haben es da leichter.

MIT DER WAFFE IN DER HAND

Der marokkanische Polizist sah mir genau in die Augen: »Haben Sie wirklich keine Waffen an Bord? Ihr Schiff wird beschlagnahmt, wenn Sie jetzt die Waffen nicht anmelden und wir etwas finden!«
Natürlich hatte ich keine Schußwaffen an Bord. Wozu sollte ich als harmloser Fahrtensegler mit dem Gewehr unter dem Arm segeln gehn? Wahrscheinlich war ich damals vor acht Jahren einfach zu naiv. In Casablanca hatte nur eine von sechs Jachten keine Waffe an Bord – unser Segelboot.
Handfeuerwaffen sind auf der Route von Gibraltar nach Dakar so üblich wie das UKW-Radio oder eine Rettungsinsel. »Für mich gehört eine Pistole einfach an Bord, so wie Schwimmwesten oder Funk heute jeder hat, der sich aus dem Mittelmeer hinaustraut.« Wie gut der liebe Carlo mit seinen 198 Pfund Lebendgewicht im Ernstfall mit der Waffe umgehen könnte, weiß ich nicht. Wer sich mit einer professionellen Piratencrew auseinandersetzen will, zieht garantiert den Kürzeren.
Warum nehmen viele bekannte Weltumsegler dennoch Waffen mit auf die lange Reise? Bobby Schenk fühlt sich in gefährdeten Gebieten damit sicherer und hatte nie Probleme mit den Behörden, weil er seine Waffe beim Einklarieren anmeldete.
Hal Roth führte Waffen mit, »weil man um Kap Hoorn auch an der gefährlichen südamerikanischen Küste entlangsegeln muß«.
Ich kenne wenige amerikanische Jachten, die kein abgesägtes Schrotgewehr und eine Pistole an Bord hätten.
Einige deutsche Weltumsegler vertrauen auf ihre italienischen Maschinen-

Ein Slup segelt geringfügig schneller als eine Ketsch.
Dafür läßt sich die Segelfläche leichter den Windverhältnissen angleichen.

Wichtiger als elektronische Navigationshilfen sind auf kleinen Jachten eine gute Selbststeueranlage und zweckmäßige Rettungsmittel. Windpilot-Selbststeueranlage (links oben), Walker-Schlepplog (rechts) gut dimensionierte Zweigang-Ankerwinsch. Auf einem kleinen Trailerboot ermüdet die Besatzung schneller.

pistolen. Handgranaten führt ein aus Südafrika stammender deutscher Langstreckensegler mit. Beim Zoll deponiert er allerdings nur sein Schweizer Schnellfeuergewehr. Auf Malta bekam ich in einer Woche zwei Gewehre, eine Maschinenpistole russischer Bauart und diverse Handwaffen offeriert. Bin ich der naive, pazifistisch angehauchte Fahrtensegler, der die Gefahren verdrängt?

Guter Rat ist beim Thema Waffen wirklich nicht leicht. Sicherlich gibt es Gegenden, wo eine Maschinenpistole ungemein beruhigen kann. Die karibischen Inseln gehören zweifellos nicht dazu, obwohl gerade hier die meisten amerikanischen privaten Yachten Waffen an Bord mitführen. Charterboote werden von den amerikanischen Eignern nie mit Waffen ausgerüstet. Die Landesgesetze verbieten das auch im liberalen Amerika. Auf amerikanischen Privatjachten gilt die deutsche MP-5 Maschinenpistole von Heckler & Koch als Renommierstück. Die israelische UZi ist etwas für weniger betuchte Leute. Ganz national inspirierte schießwütige Amis vertrauen auf die in Vietnam »erprobte« M-16 oder MAC-10 aus der amerikanischen Produktion.

Die amerikanische Bundesbehörde schätzt den frei verkauften Waffenbestand auf 65 Millionen Pistolen und Revolver. Vollautomatische Waffen wie Maschinenpistolen und Maschinengewehre dürfen von jedem gekauft werden, der nicht vorbestraft, geistesgestört oder drogenabhängig ist. 200 Dollar Lizenzgebühr sind der Einstieg ins amerikanische Waffengeschäft. Nur in einigen wenigen amerikanischen Staaten dürfen vollautomatische Waffen nicht an Privatleute verkauft werden. Über den Waffenversandhandel wurden allein von der Maschinenpistole M-16 über 300.000 Stück abgesetzt.

Die amerikanische Waffenmentalität ist wirklich pervers. Da schießen brave Hausfrauen im Bullet Stop-(Kugelfang)-Schießzentrum für 10 Dollar Leihgebühr mit Maschinenpistolen auf russische, persische oder kubanische Präsidentenköpfe im Posterformat. Amerikanische Fahrtensegler halten kräftig mit. Die wirklich gefährlichen Segelreviere kann man ja meiden. Wer zum Beispiel die mittelamerikanische Küste als sein Feriendomizil ausgesucht hat, geht Risiken ein.

Im Mittelmeer muß ja nicht unbedingt über die Türkei hinaus an der nordafrikanischen Küste entlang bis zum sicheren Tunesien gesegelt werden. Selbstverständlich könnte mich auch Algerien seglerisch reizen. Nur, wer dort schon einige Male war, weiß, daß Algerien Segler nicht willkommen heißt. Man sollte diese Länder deshalb noch ein paar Jahre meiden, sofern man Risiken aus dem Weg gehen will.

Das Teakdeck unserer 'Larantuka' bereitet mehr Arbeit als die anderen wichtigen Wartungsarbeiten

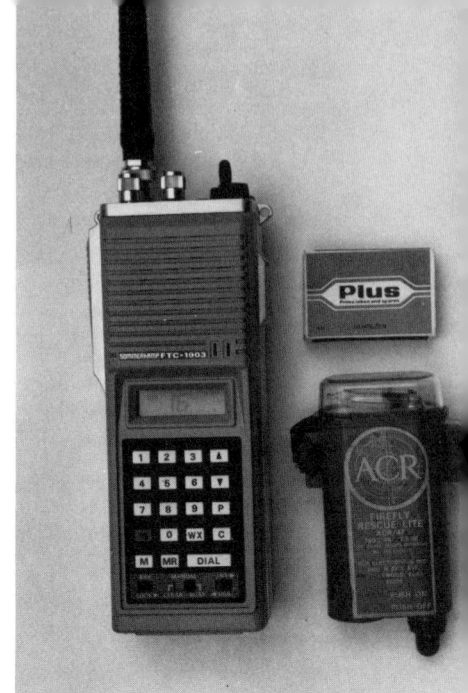

Dünnfilm-Solargenerator von Arco-Solar. Wegen Diebstahlgefahr Einbau unter dem Lukendeckel. Sämtliche nationalen und internationalen Seefunk UKW-Kanäle lassen sich in modernen UKW/VHF Handfunkgeräten speichern. Daneben amerikanischer Rettungsblitz. Arbeitet 12 Stunden. Nachtwachen werden damit sicherer

Vor ein paar Jahren galt die Türkei noch als schwieriges Land, heute ist es ein beliebtes Segelrevier für Charterjachten, und niemand wird dort schlechte Erfahrungen mit Einheimischen beweisen können.

Algerien war vor dem zweiten Weltkrieg für französische Luxusjachten im Winter ein bevorzugtes Segelrevier. Die Küste ist mit unzähligen Buchten ideal zum Ankern. Die Bewohner sind von einer vornehmen Zurückhaltung gegenüber Fremden. Das lästige, oft geradezu aufdringliche Benehmen tunesischer oder marokkanischer Einheimischer in den hinlänglich bekannten Touristenzentren gibt es nach meinen Erfahrungen in Algerien nicht. Es gibt dort ja erst geringe Ansätze für den »Massentourismus«.

Was sagen die Gesetze? Grundsätzlich dürfen überall am Mittelmeer Waffen mitgeführt werden, sofern sie der Polizei und den Zollbehörden beim Einklarieren angezeigt werden. Unser Boot befindet sich ja zolltechnisch auf der Durchreise. Ein deutscher Waffenschein wird im Ausland nicht verlangt und gilt auch nur als wertloses Papier. Die Waffengesetze sind von Land zu Land so unterschiedlich verfaßt, daß es auch innerhalb der EWG keine Einheitlichkeit gibt. Ein abschließbarer, fest verschraubter »Waffenschrank« wird am Mittelmeer nicht verlangt. Nach meinen Informationen müssen die Waffen am Zoll auch nicht grundsätzlich hinterlegt werden, obwohl in Frankreich und Italien dafür eine Vorschrift besteht. In der Praxis würde das bedeuten, daß Sie sich in jedem Hafen anmelden, die Waffe unter Verschluß nehmen lassen und am nächsten Tag beim Abmelden wieder in Empfang nehmen. Das ist in Italien mit einer Menge Schreibarbeit verbunden. Nicht jeder Polizist darf Ihre Waffe in Sicherheitsverwahrung nehmen. Hier sind wieder Hauptzoll und Polizeiämter zuständig. Es könnte Ihnen also, wie in Griechenland schon geschehen, durchaus passieren, daß Sie umgehend aus dem kleinen Hafen wieder auslaufen müssen. Der Dorfpolizist kann Sie zum nächsten größeren Hafen weitermelden. Erscheinen Sie dort nicht zur vereinbarten Zeit, können Marine, Zoll und Polizei Ihnen gehörig Ärger bereiten. Da wird Jagd auf Ihr harmloses Familienschiff gemacht.

Lohnt sich die ganze Schererei um die vermeintlich größere Sicherheit? Jeder muß sich da selbst seine Meinung bilden. Im Trans Ocean Magazin (30/1985) berichtet Weltumseglerin Karin Beuma von einem neuen Piratenüberfall vor der kolumbianischen Küste:

> Piraterie in den Gewässern um San Andres. Vier kolumbianische Piraten überfielen um den 19. September vor der Küste von Honduras das unter hondurenischer Flagge fahrende Fischereifahrzeug »Mister Bee« und ermordeten elf Besatzungsmitglieder. Mit dem Leben davon kamen ein Seemann und ein 12jähriger Junge.

> Der Kapitän des Fischereifahrzeugs nahm die vier, anscheinend in Seenot geratenen Kolumbianer an Bord. Diese Hilfeleistung bezahlten noch in der gleichen Nacht elf Seeleute mit ihrem Leben. Sie wurden entweder kaltblütig in ihren Kojen erschossen oder kamen ums Leben, als sie ihren Kollegen beistehen wollten.

> Ein Seemann blieb verschont, da die Piraten keine ausreichende Erfahrung für die Schiffsführung besaßen. Die Reise endete wenige Meilen vor der kolumbianischen Insel San Andres mangels Treibstoff, wo die vier Piraten sich mit einem Beiboot absetzten. Die beiden überlebenden Besatzungsmitglieder konnten sich retten, und kolumbianische Sicherheitsbehörden gaben bekannt, daß inzwischen drei der vier Mörder verhaftet wurden. Als Motiv für die Piraterie wurde Drogenschmuggel genannt. In gleicher Mitteilung wird von kolumbianischer Seite berichtet, daß sich in diesem Raum bereits ähnliche Fälle ereignet haben.

> Diese schlechte Nachricht dürfte zu verstärkter Vorsicht in diesem Seeraum mahnen.

TEIL 4

DIE BORDKASSE SCHRUMPFT

Die Lebenshaltungskosten an Bord einer Fahrtenjacht sind niedriger als an Land. Diese angenehme Erfahrung verleitet allerdings manchen Langstreckensegler zum süßen Nichtstun. Eine Kontrolle der laufenden Kosten erleichtert die Planung für die nächsten Jahre. An Hand von einigen Beispielen möchte ich Ihnen die »Buchführung« erleichtern.

Als Weltmeister der Sparfüchse gilt unter den Langzeitseglern der Österreicher Wolfgang Hausner. Mit etwa 250 Mark im Monat lebte Wolfgang vor 10 Jahren bescheiden an Bord eines selbst konstruierten, gebauten und gesegelten Sperrholz-Katamarans von etwa 11 Meter Länge. Dann kam sein erster Schiffbruch, ein unbekanntes Riff ließ seine schöne »Taboo« in der Südsee zerschellen. Wolfgang gab nicht auf, baute sich ein neues Schiff. Mangels geeigneter Materialien war dieser neue Katamaran ein Reinfall. Wieder ein Neubeginn vom Punkt Null an. Diesmal sollte es ein 17 Meter langer Kat sein.

Zählt man die zwei Totalverluste zu den Lebenshaltungskosten, muß wesentlich mehr Geld in der Bordkasse gewesen sein. Hausners technische Fähigkeiten sind anerkannt, dennoch muß auch für einen selbstgebauten Kreuzer-Katamaran mindestens 25.000 Mark für Material eingekauft werden. Ein guter Freund aus Kempten machte mir jahrelang vor, daß er mit 500 Mark monatlich sich, seine Freundin und das 12 Meter Stahlschiff

Auf Langzeitsegler Jachten können preiswert Karten getauscht oder gekauft werden. Hauptumschlagplatz ist die Sheppard Marina in Gibraltar

unterhalten könnte. Inzwischen weiß ich, daß die Mutter monatlich 800 Mark in die Bordkasse einbrachte, und daß alle großen Anschaffungen, wie ein neues Radio etc. von ihr finanziert wurden. Traum und Wirklichkeit vermischen sich manchmal auch unter den Langzeit-Seglern.

Uschi und ich kamen vor sechs Jahren noch mit etwa 600 Mark für unser damaliges 7,60 m Kajütboot in den Sommermonaten aus, wenn nichts zusätzlich für Reparaturen aufgewendet werden mußte. Unser jetziges 12-Meter-Boot kostet mit Verpflegung aufs Jahr gesehen etwa 4000 Mark im Monat. Dabei sind wir in der teuren Segelzeit (hohe Liegeplatzgebühren) zwischen Mai und Oktober mit dem Schiff unterwegs. Man lügt sich doch in die eigene Tasche, wenn das Material für die Überholungsarbeiten am Schiff und die Liegeplatzgebühren nicht mitgerechnet werden.

Fürs Essen reichen 1500 Mark im Monat schon für zwei Personen, aber das ist ja nur die halbe Rechnung. 2.400 Mark kostet z. B. die Versicherung für mein Boot am Mittelmeer. Ca. 500 Mark bezahle ich monatliche Liegegebühr in den Monaten, in denen wir in Deutschland sind.

Liftkosten und neue Unterwasserfarben zehren mit ca. 800 Mark an der Bordkasse. Eine neue Genua oder ein Blister kostet für meine Schiffsgröße schon gut 3 600 Mark. Für Diesel, Wasser, Öl und Lack muß auch noch fleißig bezahlt werden. Wartungsarbeiten am Motor und alle Segelreparaturen machen wir selbst. Kommen diese Kosten auch noch dazu, geht es nicht unter 3.000 Mark Zusatzkosten pro Jahr ab.

Ich will damit zeigen, daß nicht die Verpflegung wirklich Geld kostet, sondern das Schiff und die Nebenkosten dafür. Das sind die wirklich großen Geldausgaben, die zählen!

Wer rund ums Jahr ständig an Bord lebt, kommt mit weniger Geld aus. In Amerika leben wenigstens eine Million Segler ständig an Bord ihrer Schiffe und arbeiten an Land. Damit läßt sich eine Versicherung vermindern oder ganz einsparen. Liegeplatzkosten sind auf ein Minimum reduziert. Überholungsarbeiten am Boot können hinausgeschoben werden, weil ständig an Bord gearbeitet wird. Kleine Schäden werden klein gehalten, große Schäden lassen sich bei ständiger Pflege meistens vermeiden. Ein typisches Malheur sind Motorschäden durch Rost. Festgefressene Kolben gibt es nicht, wenn man den Diesel regelmäßig alle paar Tage laufen läßt. Eine Motorreparatur könnte leicht 3 000 Mark kosten, nur weil der Motor ein halbes Jahr stillgelegen hat. Kolben sind dann an den Zylinderlaufflächen festgerostet.

In südlichen Ländern lebt es sich nach unseren Erfahrungen preiswerter als in Skandinavien. Dort sind die Lebensmittel teurer und häufig läuft man wegen Sturmgefahr einen teuren Hafen an. Das summiert sich.

Sind die Lebenshaltungskosten im Mittelmeer noch überschaubar, klettern die Preise auf den Westindischen Inseln ins Obszöne: Ein Cola 4 Mark, ein 500-Gramm-Brot 3 Mark, eine Flasche Salatöl 9 Mark, 250 Gramm neuseeländische Butter sieben Mark und ein Pfund Bananen aus dem Busch 3 Mark. Wir waren jetzt schon dreimal in der Karibik, jedesmal sind die Lebensmittel noch mal 50 Prozent teurer geworden als eineinhalb Jahre vorher. In Amerika kann dank prallgefüllter Supermärkte günstiger als in der Karibik eingekauft werden. Umsonst bekommt man heute nirgendwo etwas. Dazu sind einfach zu viele Segler unterwegs, die die Gastfreundschaft der Einheimischen oft mißbraucht haben.

Langzeitsegeln macht uns dennoch immer noch den größten Spaß. Wer sorgfältig plant, seine Finanzen kontrolliert und die Nebenkosten durch mehr Eigenarbeit im Griff hat, kann auf seinem Boot glücklich werden. Tagträumer werden die Ebbe in der Bordkasse ganz schnell erleben. Wie man über die Runden kommt, sagt das nächste Kapitel.

Auch an der teuren Cote d'Azur gibt es genügend kostenlose Liegeplätze in sicheren Ankerbuchten. Bild zeigt die Einfahrt zu den Hyeres Inseln

SPAREN SIE AM LIEGEPLATZ

Frei ankern oder im Hafen liegen? Darüber macht sich jeder Fahrtensegler seine Gedanken. Jeden Abend erneut, denn die »Versuchung« in Form einer stimmungsvollen Hafenkneipe, oder die frisch gedeckten Tische im kleinen Restaurant um die Ecke verführen zum Geldausgeben.

Eine kleine Marina lockt mit dem Süßwasser-Anschluß direkt am Steg. Wenn es auch im Mittelmeer im Herbst kühler ist, zeigt der Stromanschluß für den Heizlüfter auch bei hartgesottenen Seglern Wirkung. Komfort, fast wie daheim. Der Supermarkt um die Ecke bietet alles. Wozu dann noch drei Kilometer weit von der Ankerbucht bis zum nächsten Bäcker laufen?

Komfort muß in Form von Hafen- oder Marinagebühren teuer bezahlt werden. In Amerika bezahlte ich teilweise für eine Stunde Liegeplatz einen Dollar. Je Nacht verlangen private Marinas in Florida gut 50 Dollar Liegeplatzgebühr. Am Mittelmeer stöhnen Segler über ständige Gebühren- erhöhungen in Häfen und Marinas. 35 Mark je Nacht für ein 10-Meter- Boot sind schon fast normal. Und dennoch sind fast alle Marinas sehr gut belegt.

Heute kostet ein Liegeplatz fast mehr Geld, als man an Bord für das Essen ausgibt. Eine Situation, mit der man fertig werden muß. Wer für ein paar Monate im Jahr oder gar für Jahre auf seinem Boot leben will, muß den Kostenfaktor Hafen/Marinagebühren im Griff haben. Keine Angst, es geht fast ohne Liegeplatzgelder auch an der schönen und sündhaft teuren Côte d'Azur!

Warum fahren die meisten Segler überhaupt in einen oft überfüllten Hafen? Weil Häfen als sicher gelten. Verpflegung, Ersatzteile, Verbindung zur Heimat, alles ist zur Hand, also spricht auch alles für einen sicheren Hafen.

Ich behaupte glatt das Gegenteil. Öffentliche Häfen sind meistens schmutzig, nicht ungefährlich durch den Schiffsverkehr, von Kriminellen frequentiert. Lärm und Gestank sind oft unerträglich. Der Hafenmeister schikaniert uns mit seinem Gehabe. Das sogenannte Trinkwasser ist oft eine salzig schmeckende, üble Brühe.

Irgendwo in der Mitte liegt nach meinen Erfahrungen die Wahrheit. Der gleiche Hafen ist im Sommer eine Zumutung, im Frühjahr und Herbst ist er eine Oase der Ruhe.

Die Jahreszeit, das Land und das Wetter spielen bei der Auswahl des richtigen Liegeplatzes eine wichtige Rolle. Die Amerikaner bringen es auf

Als einzige Jacht liegt unser Boot im kleinen Fischerhafen von Llanca/Costa Brava.
Öffentliche spanische Häfen kosten keine Liegeplatzgebühr oder nur einen
Bruchteil dessen von größeren Marinas

den einfachen Nenner: »Home is where you hang the hook«. (Wo dein Anker fällt, bist Du zu Hause). Ein guter Liegeplatz muß ein sicherer Liegeplatz sein. Treibt mein Schiff in tiefes Wasser, wenn der Wind plötzlich dreht? Kann ich mit dem Beiboot auch bei sehr viel Wind sicher zum Ankerplatz zurückfahren? Macht mein Ankernachbar ein vertrauenserweckenden Eindruck?

Ich ziehe deshalb einen sicheren Ankerplatz in den Sommermonaten jedem öffentlichen Stadthafen immer vor. Kleine Fischerei-Häfen ziehen mich magisch an, obwohl vieles gegen diese Häfen spricht. Marinas sind für mich die absolute Ausnahme. Als Verpflegungsdepots für Wasser und Proviant sind sie mir genehm, aber die sterile Atmosphäre stört mich. Parkplätze für Jachten, mehr nicht.

An Hand einer kurzen Reise von Port Vendres/Frankreich zur spanischen Costa Brava bis nach Barcelona möchte ich Ihnen eine sommerliche Segeltour nach meinem Strickmuster zeigen.

1. Tag: Noch vier Stunden − Port Vendres. Öffentlicher Hafen mit Schwimmstegen; Wasser und Diesel wird voll gebunkert, Verpflegung wird für die nächsten sieben Tage eingekauft. Salate, Gemüse und Backwaren werden in Spanien jeweils frisch beschafft.

Gegen Mittag Abfahrt nach Spanien in Richtung Barcelona. Es soll ein gemütlicher Urlaubstörn Mitte Juni sein. Nach drei Stunden im ersten spanischen Hafen von Port Bou angekommen. Ankermanöver, keine Steganlage für unser 1,70 Meter tiefgehendes Segelboot. Fahre mit dem Dinghi zur Polizeistation. Formlose Ausklarierung, der Zöllner wird vom Polizeiposten angerufen, das reicht − sagt der Polizist.

Rollige Ankerbucht, wir fahren zwei kleine neue Marinas zur Ansicht an. Beide noch unfertig, Wassertiefe nicht ausreichend. Ankunft in Puerto Llanca, Mini-Fischereihafen. Sind einziges Segelboot über acht Meter Länge. Wir passen gerade an die kleine Kaimauer. Werden freudig vom Hafenmeister begrüßt. Wir sind die erste größere Jacht im Hafen. Hafengebühren keine, dafür preiswerte Frischverpflegung im 500 Meter entfernten Ort eingekauft. Essen spottbillig in der Fischerkneipe zu Abend. Wir bleiben in Llanca noch einen Tag, weil es so schön war. Weiterfahrt zum fünf Meilen entfernten Hafen Marina von Puerto de la Selva. Drei Liegemöglichkeiten stehen zur Wahl: Frei und kostenlos ankern in der schönen Bucht; freies Festliegen mit Buganker am Fischerkai oder 16 Mark Liegegebühr in der neuen, sauberen Marina im Club Nautico.

Frei geankert, weil wir alte Seglerfreunde dort trafen. Etwas abseits vom Fahrwasser der großen Fischkutterflotte. Guter Sandgrund, mit Brille und

Schon an der Formation der Berge lassen sich sichere Ankerbuchten an der Costa Brava erahnen. Unsere 'Larantuka' bei Port Lligat

Schnorchel kontrolliert. Das Beiboot kann zum Einkaufen leicht auf den Sandstrand beim Dorf hochgezogen werden. Der Liegeplatz am öffentlichen Kai ist ab Ende Oktober nach der Fischsaison bestimmt ideal, jetzt im Frühsommer lagen schon zwanzig Kutter in Dreierreihen am Kai im Päckchen. Als Freizeitsegler möchte ich die Berufsseeleute nicht mit meinem Boot behindern. Einklarieren in der Polizeistation: 10 Min.
Den Hafenmeister in der Marina fragte ich nach den Liegeplatzgebühren aus. Freundlicher Typ, aber für 16 Mark kann ich zwei Mittagessen finanzieren.
Weiterfahrt nach zwei stimmungsvollen Tagen um den Capo Creus nach Port Lligat. Dort hat Salvador Dali sein Leben verbracht. Sichere, wunderschöne Ankerbucht zum Tauchen und Faulenzen. Wir streichen unsere beiden Holzmasten. Liegen sechs Tage vor Anker. Täglicher Fußmarsch ins Nachbardorf Cadaques, wo die Schiffe wesentlich unruhiger liegen. Die Mehrzahl der Segler zieht an Lligat und Cadaques vorbei direkt in die Mammutmarina von Ampuriabrava. Liegeplatzgebühr für ein

12 Meter-Boot 36 Mark für eine Nacht inmitten von ein paar Tausend Booten. Ein Horror. Vor Ampuriabrava sind fünf optimale Ankerbuchten mit klarstem Wasser, Sandgrund und Einkaufsmöglichkeiten an Campingplätzen. Was zieht bloß die Leute zu diesen gigantischen Marinas?

Nach einigen schönen Ankertagen segeln wir zwanzig Seemeilen weiter in eine kleine Marina, nur drei Stunden von Ampuriabrava entfernt zum Club Nautica L'Escala. Kostet 1000 Pesetas die Nacht (knapp 17 Mark). Wir möchten unsere Wassertanks auffüllen. Hervorragende Wasserqualität, nettes Hafenpersonal und zwei gute Restaurants im Hafengelände. Am nächsten Tag Weiterfahrt in Richtung Tossa de Mar. Finden die Ankerbuch Sa Tuna so schön, daß wir für zwei Tage dort zum Tauchen bleiben. Nach sechs weiteren Tagen vor Anker in einigen schönen Buchten Überfahrt von Lloret de Mar aus nach Menorca.

Insgesamt haben wir ganz gemütlich 17 Ankerbuchten besucht und nur einmal die Bordkasse mit Hafengebühr belastet. Öffentliche Hafengelder und Marinagebühren hätten bei der gleichen Strecke mindestens 300 Mark gekostet, von den Nebenausgaben einmal abgesehen. Gelebt haben wir, das Segeln genossen, die Ankerplätze mit Bedacht ausgewählt. Wer die Schönheit der Costa Brava genau kennenlernen will, braucht wirklich keine teuren Marinas für die Nacht anzufahren. Es gibt genügend sichere Ankerplätze, aber ein gutes Ankergeschirr und gutes Beiboot sind eben notwendig. Wer daran spart, wird mit Ankerbuchten keine Freude haben. Bevor wir jedes Jahr einige Monate auf Fahrt gehen, schauen wir uns die Liegeplatz-Situation vorher an Hand von Seekarten und Seehandbüchern genau an. Die Costa Brava ist für das Überwintern an Bord nicht geeignet. Eine hohe Sturmhäufigkeit, Temperaturen unter dem Gefrierpunkt und viele Ankerplätze, die nach einer Seite offen sind. Ab Mitte Mai bis zu den Sommerferien und dann wieder im Spätherbst halte ich die Costa Brava aber für ein besonders schönes Fahrtensegler-Revier.

Die Balearen sind außerhalb der Hochsaison durch die vielen schönen Ankerbuchten und das angenehme Klima ausgezeichnete Fahrtensegler-Aufenthaltsorte. Das Problem Hafengebühren können Sie dort fast vergessen, solange Sie an Bord wohnen. Auf Mallorca ist die Bucht von Porto Colom zum Beispiel ideal für einen Langzeitaufenthalt, aber nur ein Segelhandbuch berichtet darüber.

Auf Menorca gibt es selbst in der Hochsaison sehr ruhige Ankerbuchten, die sich für Wochen als Standquartier eignen. Ibizza ist in der Hochsaison eine Zumutung, außerhalb der Saison ein herrlich schönes Plätzchen. Auf Formentera läßt es sich sehr gut auf dem Boot leben, sofern man große

Faszinierende Jachten für den einen, ein trostloser Anblick für den anderen. Die millionenschweren Motorjachten im Hafen von Palma de Mallorca. Schöne Ankerbuchten können diese 30 Meter langen Schiffe kaum mehr anfahren

Wassertanks und ein großes Sonnensegel hat. Wer später einmal mit dem eigenen Boot zu den Westindischen Inseln segeln will, soll mal für ein paar Monate um die Balearen segeln. Das ist ein gutes Training und belastet die Bordkasse weniger als zum Beispiel Griechenland oder die Türkei. Die Anfahrtswege sind einfach kürzer. Wenn der Bordsegen schief hängt, kommt die Mannschaft schneller wieder nach Hause zurück.

Auch im Winter läßt es sich angenehm an Bord leben, sofern man das richtige Revier ausgewählt hat. Im Mittelmeer sind nach meinen Erfahrungen die Türkei, Zypern, Kreta und die spanische Küste ab Valencia wintertauglich. Auf Malta und in Tunesien sind zu wenig sichere Marinas und Ankerplätze. Die Kontrolle durch Polizei, Zoll und Militär geht mir auf Malta und in Marokko auf die Nerven. Ein- und Ausklarieren in jedem Hafen, feste Anmeldung der Reiseroute mit genauer Ankunftszeit behagen mir nicht. Man büßt durch solche Vorschriften zuviel persönliche Freiheit ein.

Langzeit-Segeln im Winter ist auch in Marinas spürbar preiswerter als in der Hochsaison, in der Segeltouristen schamlos in die Tasche gegriffen wird. In Estepona, Almeria, Denia oder Motril (Spanien) bezahlt der Langzeitsegler im Winter nur ca. acht Mark Liegeplatzgebühr pro Nacht in einer gut geführten Marina. Dazu gibt es kostenlos Wasser und Strom. Wie man ein Boot im Winter richtig beheizt, wird im Teil 5 beschrieben.

Außerhalb des Mittelmeers sind die Algarve-Küste von Portugal, die Lagunen von Faro oder der Rio Guadalquevir bis nach Sevilla sichere und freundliche Winterquartiere für Langzeitsegler.

Die Kanarischen Inseln eignen sich sehr gut für das Überwintern. Viele Fahrtensegler verbringen auch an der Côte D'Azur die Wintermonate. Die meisten Marinas verlangen nur noch ein paar Mark für das Übernachten, oder gar nichts. Ohne gute Heizung ist man der französischen/italienischen Mittelmeerküste der Kälte ziemlich ausgeliefert. Im vergangenen Jahr gab es dort noch südlich von Rom tagelang Schnee und Minustemperaturen. Andererseits sind wir schon wochenlang bei schönsten Temperaturen und 2-3 Windstärken äußerst genußvoll an der Côte D'Azur entlanggeschippert. November bis Ende Januar sind dort meist sonnige Wintermonate, Februar und März regnet und schneit es immer wieder, trotz der Palmen am Boulevard Albert von Monaco.

Auf den Ionischen Inseln/Griechenland hatten wir zwei Jahre lang angenehmstes Seglerklima auch in den windreichen Monaten. An Neujahr strahlte die Sonne mit 24 Grad auf unsere kleine Gruppe von Fahrtenseglern in der Bucht von Levkas. Drei Tage später zeigte das Thermometer 4 Grad Plus in der Kajüte. Der griechische Winter kam mit sieben Tagen Sturm, Regen und üblem Seegang. Danach stieg das Thermometer wieder auf wärmende zwanzig Grad an.

Überwintern auf dem Boot ist am Mittelmeer immer eine spannende Sache. Unter dem Strich gesehen hatten wir viermal Glück und zweimal Pech. Auch in der Karibik kann es in der Hochsaison von Mitte November bis Ende Januar wie aus Kübeln regnen. Da setzt tagelang der normale Passat aus und in den besten Ankerbuchten treibt Sturm die Yachten durcheinander.

Auch im sonnigen Florida gab es schon erfrorene Orangenplantagen. Wir erlebten dort schon das scheußlichste Wetter überhaupt. Eine Schönwetter-Überwinterungs-Garantie gibt es weder am Mittelmeer noch in der Karibik oder im Sunshine State Florida. Trotzdem möchte ich keinen Segelurlaub im Winter missen. Es sind die schönsten Wochen überhaupt.

JACHTZUBEHÖR GÜNSTIG EINGEKAUFT

Vom Standpunkt der Sicherheit aus spare ich bei Ersatzteilen grundsätzlich nicht. Viel Geld bleibt mir in der Bordkasse, wenn ich überlegt Ersatzteile und Pflegematerial einkaufe.

Bei Farben etwa läßt sich viel Geld einsparen. Für qualitativ gute Malerarbeiten in der Kajüte taugt ein guter Holzlack genauso wie ein spezieller Bootslack, der fünfmal so teuer ist. Außen verwende ich nur die teuren Bootslacke, weil der Lack dort schon vom ersten Anstrich in der Werft mit Zweikomponenten-Farben aufgebaut wurde. Einkomponenten-lacke vertragen sich manchmal nicht mit Zweikomponenten-Lacksystemen, bei denen ein Polyester-Härter gesondert beigemischt werden muß. In meinem Farbenhandbuch steht nach jeder Überholung, welchen Lack ich verwendet und wieviel Schichten ich aufgetragen und zu welchem Preis ich das Produkt eingekauft habe. Der zwei Jahre später auch von der Stiftung Warentest geprüfte Buntlack (Testnote gut) hat mich beim Kauf 8,90 DM für 750 Gramm gekostet, er hat sich hervorragend bewährt. Im Bootsladen kostet der vergleichbare Einkomponentenlack 36,50 DM.

Spanische Unterwasser-Farbe gegen den Algenbewuchs kostet in Fünf-Liter-Eimer halb so viel wie im Dreiviertel-Liter-Gebinde in Deutschland. Der Hersteller ist der gleiche Farbenkonzern. Leinen und Fallen müssen regelmäßig erneuert werden, das kostet Geld. Deshalb kaufen wir Belegleinen nur im Fischerausrüstungs-Laden. Dort wird nach Gewicht berechnet, was eine Kostenersparnis von gut 50 Prozent gegenüber dem Meter-Preis bedeutet.

Zuvor schaue ich mir ältere Leinen diesen Typs im Fischereihafen an. Wenn sie auch nach jahrelanger Benutzung immer noch geschmeidig sind, frage ich den Seemann nach seiner Einkaufsquelle.

Dort, wo große Fischereiflotten beheimatet sind, gibt es immer einen Seeausrüster, der preiswerter ist als die Jachtausrüster, die eine wesentlich kürzere Verkaufssaison haben und deshalb anders kalkulieren müssen. Petroleum wird in Spanien und Frankreich für etwa zwei Mark je Liter im Fischereiladen oder im Farbengeschäft verkauft. Der Jachtausrüster will 4,50 DM für den Liter Lampenöl. In einer Segelsaison brauche ich über 20 Liter Petroleum für Ankerlicht, die kleine 150 Watt Petromax-Drucklampe und drei Kajütleuchten. Gekocht wird seit einem Jahr mit Gas.

In einigen Fischereihäfen konnte ich schon preisgünstigeren Diesel tanken. Bei vierhundert Litern ist das schon eine beträchtliche Ersparnis. Fragen kostet ja nichts. Shell Rotella Schmieröl ist ein hervorragendes Motoröl für Dieselmotoren. Der Fünf Liter-Kanister kostet mich in Frankreich oder Spanien knapp 10 Mark, für weniger gut geeignetes Motorenöl aus dem Supermarkt müßte ich mindestens das Doppelte hinlegen, ohne die Qualitätskonstanz einer Weltmarke wie Shell. Synthetische Öle sind für langsamlaufende Schiffsdiesel Luxus, dennoch kippen viele Segler das 14 Mark teure Öl in den Motor. Fürs gleiche Geld kann ich einen ganzen Motorölwechsel finanzieren.

Das falsche Schmierfett kann die Winschen-Mechanik ruinieren. Ein ungeeignetes Getriebeöl führt hundertprozentig zu einem Getriebeschaden, eine vom Aufbau her nicht geeignete Unterwasser-Farbe läßt den neuen Farbanstrich innerhalb von wenigen Tagen im Seewasser abblättern. Deshalb sollte man andere Langzeitsegler um Rat fragen.

Seekarten und Hafenführer sind viel teurer als normale Straßenkarten. Dennoch läßt sich auch in der Navigation eine Menge Geld einsparen. Die wichtigste Karte ist die Überseglerkarte; wer darauf verzichtet, wird früher oder später auf den Klippen landen.

Wieviele Detailkarten man wirklich braucht, richtet sich nach dem Fahrtengebiet. Von Gibraltar über Malaga nach Valencia und Barcelona reicht mir der Übersegler, weil es dort fast nur Marinas und Häfen gibt, die ich an Hand der Überseglerkarte leicht identifizieren kann.

Hundert Seemeilen weiter an der Costa Brava oder hinüber zu den Balearen sind Detailkarten notwendig. Kleine, daher gefährliche Riffs und Klippen sind auf dem Übersegler nicht verzeichnet. Die schönsten Ankerbuchten gibt es in diesem Revier. Mit den Detailkarten kann ich sie auch unter schlechten Sichtbedingungen noch relativ gefahrlos anlaufen. Von Gibraltar bis zur Costa Brava gibt es sechs Detailkarten (Deutsche Seekarten Nr. 488-493), Stückpreis rund 24 Mark. Dann noch eine Übersegler-Karte zum gleichen Preis und das Seehandbuch für 36 Mark. Spanische Seekarten kaufe ich im Marinedepot und bezahle dafür knapp die Hälfte. Charterbasen werfen nach Ende der Saison die gebrauchten Seekarten zum Müll, fragen Sie danach.

Fahrtensegler, die in der Gegenrichtung fahren, verkaufen Ihnen auch ihre nur einmal benutzten Karten. Am Mittelmeer ist das Schnorren von älteren Handelsschiffahrtsseekarten wenig verbreitet, im Pazifik und rund um Afrika ist es üblich. Die Handelsschiffahrt muß jedes Jahr neue Seekarten kaufen, alte Karten werden als Dichtungen im Maschinenraum aufgearbeitet.

Wenn Sie neu im Fahrtenseglermilieu sind, würde ich Ihnen dennoch nur

Selbstgebaute Seiltrommel (oben links) – Daneben das 280 Mark teure Pendant aus dem Jachtladen – Unten: Selbstgedrehtes Netz für drei Mark, im Laden kostet es 25 DM. – Die Gartenspritze als Deckbrause. Gute Ideen sind mehr wert als ein dickes Bankkonto

zu neuen Karten raten, die sie in einer Seekartenbuchhandlung (Adresse am Schluß) schon Monate vor Ihrer Abreise kaufen sollten. Eine gute Planung ist nur mit neuen Seekarten möglich. Einen Stoß Straßenkarten sollten Sie dennoch mit auf die Reise nehmen. Die für Sie gewohnte Landkarte zeigt die Größe und Lage der Städte und Kommunen viel eindeutiger als die Seekarte. Flugplätze erkennen Sie darauf und Tunnels. Manchmal nutzt sogar der Ausflug zum Postkartenkiosk. Dort strahlt einem das nächste Reiseziel schon vierfarbig entgegen. In der Karibik und anderen großen Riffgewässern sind Luftaufnahmen im Postkartenformat heißbegehrte Navigationshilfen. Denn nur aus der Höhe lassen sich Riffe, Untiefen und seichte Ankerplätze eindeutig erkennen.

Der Spaß am Fahrtensegeln ist ohne eine clevere Bordkassenverwaltung nur halb so groß. Fragen Sie bei den älteren Fahrtenseglern am Ankerplatz nach günstigen Einkaufsmöglichkeiten.

Die guten Tips kommen bei mir ins Bordbuch, die schlechten vergesse ich, so schnell es geht. So hat mein Hafen- und Ankerplatz-Handbuch immer ein paar subjektive Anmerkungen, die mir bei einem späteren Besuch und der Routenplanung weiterhelfen. Bei jeder Werft frage ich zum Beispiel nach den Slip- oder Krangebühren für mein Boot. Darf ich selbst am Boot arbeiten, oder muß ich das Personal dafür bezahlen? War das Wasser am Steg gut, oder war es brackig? Stromanschluß ja oder nein, welcher Adapter wird benötigt? Kleinigkeiten, die für mich wichtig sind und unserer Bordkasse gut tun. Die Liegeplatzgebühr für die Marina kann leicht eingespart werden, wenn man nur einen Tank voll Frischwasser braucht. Man fährt an die Tankstelle im Hafen, läßt etwa 50 Liter Diesel nachtanken und bunkert gleichzeitig den Wassertank voll. Das Trinkgeld für den Tankwart nicht vergessen. Dann fahre ich wieder aus der Marina hinaus in die nächste schöne Ankerbucht.

Wer eine Dusche an Bord hat, kann sich während das Frischwasser in den Tank läuft, unten im Schiff duschen und Wäsche einweichen. Bei der Abfahrt ist der Tank dann immer noch randvoll mit neuem Wasser.

In Griechenland wird für Wasser Geld verlangt. Zehn Mark kostet die Füllung. In Bequia auf den Westindischen Inseln mußte ich einmal 24 Mark für 450 Liter Wasser bezahlen. Dort bringt allerdings ein Wasserfrachter das kostbare Trinkwasser 200 Meilen weit von Barbados her.

In Florida bekomme ich fürs Liegeplatzgeld gleich Strom, Wasser, Absaugleitung der Bordtoilette (Fäkalientank ist Vorschrift), Radio- und

Fernsehanschlußstecker sowei einen Telephonanschluß direkt an meinem Stegplatz präsentiert. Komfortabler gehts wohl nicht, teurer allerdings auch nicht. An den Nebenkosten läßt sich an Bord einer Langzeit-Fahrtenjacht viel leichter sparen als bei einer kurzfristig angemieteten Charterjacht. Bis man den Dreh heraus hat, ist der Urlaub schon zu Ende. Nie sparen möchte ich an gutem Essen und einem wöchentlichen Restaurantbesuch. Der Besuch in der Fischerkneipe gehört für uns einfach zum Ritual, wenn ein neuer Hafen »erforscht« wird. Auch für Landausflüge geben wir gern Geld aus. Busfahren regt an, man lernt neue Leute kennen und sieht viel mehr vom Land, als wenn nur an Bord gelebt wird. Die Finanzierung dieser »Vergnügen« kommt aus der Bordkasse, die von Uschi verwaltet wird.

SELBST IST DER MANN

Muß ein doppelter Unterwasseranstrich mit hochgiftigen Farben immer noch sein? Darüber streiten sich die Experten. Ein Problem, das ihre Bordkasse stark tangiert. Schließlich sagt die Fachpresse seit rund 100 Jahren einstimmig: »Wasserfahrzeuge, ob Berufs- oder Sportschiffe, benötigen wenigstens einmal im Jahr einen neuen Unterwasseranstrich. Bei Bedarf muß dieser bewuchshemmende Anstrich auch öfter erneuert werden.«
Die Schiffsfarbenindustrie läßt nichts unversucht, diese Ansichten mit einer wahren Flut von Anzeigen zu untermauern. 38 Mark möchte der bekannteste Jachtfarbenhersteller heute für sein 750 Gramm-Gebinde; dafür kann ein reeller Gegenwert erwartet werden.
Leider kann ich Ihnen kein Patentrezept verraten, wie Sie ohne Unterwasser-Anstrich auskommen. Es gibt aber Alternativen, die Ihrer Bordkasse gut tun. Wozu brauchen Schiffe überhaupt einen Unterwasser-anstrich? Regattajachten und Jollen kommen doch auch ohne die giftigen Farben aus?
Für die Berufsschiffahrt zahlt sich ein wirksamer Unterwasseranstrich ganz schnell aus. Das Schiff braucht ohne fahrthemmenden Algenbewuchs weniger Sprit und fährt wesentlich schneller. Die Manövrierfähigkeit bleibt erhalten, so wie es die Konstrukteure rechnerisch festgelegt haben.

Ein paar Fakten. Die maximale Rumpfgeschwindigkeit bei unserem Segelboot beträgt 7.6 Knoten bei frischem Unterwasseranstrich, poliertem Propeller und glattem Fahrwasser. Mit dem Großsegel allein fahre ich jederzeit eine Wende, was für eine ordentliche Manövrierfähigkeit bei einem 12-Tonnen-Schiff spricht. Mit verkrautetem Rumpf fahren wir noch knappe sechs Knoten, der Propeller dreht durch Algenbewuchs ungleichmäßig, die Wellenanlage wird dadurch unnötig belastet und die Stopfbuchse muß alle zehn Stunden Fahrt um zwei Umdrehungen nachgestellt werden. Halsen sind immer noch möglich, aber eine Wende nur unter Großsegel ist nicht mehr drin. Da hilft nur noch die backstehende Fock, die das Schiff auf den anderen Kurs herumdrückt. Der Spritverbrauch ist bei gleicher Drehzahl unter Marschfahrt um etwa 15 Prozent größer.

Regattajachten kommen nach jeder Wettfahrt mit dem Travellift aus dem Wasser. Das Boot wird abgeschrubbt und hochglanzpoliert. Weniger Rumpfwiderstand bedeutet schnellere Fahrt. Sportpiloten reiben deshalb die Tragflächen ihrer Maschinen vor dem Starkt mit einem Waschleder ab. Damit wird ein Strömungsabriß vermieden.

Beim Boot ist es nicht anders. Ein sauberer Rumpf schont die Mechanik von Motor, Getriebe und Wellenanlage. Der verschmutzte Bronzepropeller kann seine Leistung nicht entfalten. Innerhalb von wenigen Minuten kann die Maschine überhitzen, wenn Sie mit Vollgas den Geschwindigkeitsverlust ausgleichen möchten.

»Die Unterwasserfarbe schützt meinem Rumpf vor Feuchtigkeit, dadurch hält das Holz länger.« Solche Ammenmärchen sollten Sie ganz schnell vergessen. Alle Unterwasserfarben müssen wasserdurchlässig sein. Ihre Selbstzerstörung verhindert ja das Festsitzen der Algen. Deshalb werden Unterwasseranstriche auch recht dick in zwei Schichten aufgetragen. Der satte Auftrag bringt keine Wassersperre gegenüber dem Untergrund. Dafür muß eine Grundierung bei Stahl-, Alu- und Kunststoffbooten sorgen. Vollholzboote werden nur abgeschliffen, grundiert und mit Unterwasserfarbe gestrichen. Wozu ist das gut?

Chemikalisch werden unsere Gewässer immer mehr verschmutzt. Für die Unterwasserfarben bedeutet das schwere »Arbeit«. Nach meinen Erfahrungen hielt vor 15 Jahren der schützende Unterwasseranstrich an unserem Kunststoff-Kielboot noch gut zehn Monate am Bodensee aus. Sechs Jahre später war mein neues Boot schon nach sieben Monaten am gleichen See und gleichem Stegplatz stark verkrautet.

Am Mittelmeer hält ein professionell aufgebrachter Unterwasseranstrich höchstens fünf Monate, bis sich die ersten Algen zeigen. Danach breitet

Am Mittelmeer kann niemand auf ein gutes Sonnensegel verzichten. Lebensdauer etwa drei Jahre. Die UV-Strahlung zerstört den Nähfaden

sich der Bewuchs am Hafenliegeplatz rapide aus. Nach weiteren zwei Monaten ist von der schönen blauen Unterwasserfarbe nichts mehr zu sehen.

Jetzt hat man zwei Möglichkeiten. Ein neuer Unterwasseranstrich mit hohen Krangebühren und neuer teurer Farbe, oder den Rumpf mit Spachtelschaber und Bürste abschrubben? Beim Kunststoffboot würde ich zum großen Schrubber greifen. Leichter kann ich nicht ein paar hundert Mark sparen. Bei unserem Boot muß ich mit durchschnittlich 500 Mark Travellift-Kosten rechnen. Die Farbe schlägt mit ca. 300 Mark nochmals ein Loch in die Bordkasse. Für diese 800 Mark tauche ich gern alle drei Wochen für eine Stunde am Kiel hinunter. Durch das Schrubben und Kratzen verliert der Unterwasseranstrich vollends seine Wirkung, deshalb muß alle drei Wochen die Putzarbeit wiederholt werden.

Am Mittelmeer kann unser Boot so für etwa 15 Monate im Wasser bleiben. Dann beiße ich in den sauren Apfel und segle zu einem preisgünstigen Slip. Dabei hat es sich gezeigt, daß in großen Marinas die Travelliftgebühren eher günstiger sind als auf kleineren Werftbetrieben. In der riesigen Marina von St. Cyprien/Frankreich bekomme ich für 360 Mark mein Boot aus dem Wasser und wieder zurück. Auf der kleinen Schiffswerft beim Hafen von Puerto Rico/Kanarische Inseln mußte ich 1 500 Mark für die gleiche Arbeit bezahlen! Große Marinas sind mir schon deshalb symphatischer, weil es dort ausgedruckte Preislisten vom Hafenmeister gibt.

Eine kleine Werft bei Skorpios/Griechenland verlangte von mir einmal 200 Mark fürs Aufslippen, ein Jahr später sollte ich dafür 600 Mark bezahlen. Schließlich einigten wir uns auf 400 Mark.

Hebegebühren sind sehr unterschiedlich, weil manche Boote gerade noch an das Belastungslimit eines Kran passen, während beim nächsten Boot ein an sich zu großer Kran für das kleine Schiff nötig ist. In spanischen Marinas sind die 10 Tonnen-Kräne gebräuchlich. Unser 12 Tonnen-Schiff braucht einen größeren Lift, der kostet dann fast das Doppelte. Heinz mit seinem 50 Tonnen/20 Meter-Stahlschiff bezahlt 3 000 Mark auf spanische Werften fürs Aufslippen. In Italien mußte er nur 2 000 Mark bezahlen. Auf Mallorca bekam er ein Angebot über 4 800 Mark.

In der Karibik kann nur auf Grenada ein 25 Tonnen-Schiff aus dem Wasser gebracht werden. Erst in Florida ist die nächste Slipgelegenheit für solche etwa 16-18 Meter langen Jachten. 15-Tonnen-Jachten könnten hingegen in Grenada, Union Islands, St. Vincent, Martinique, Guadeloupe, Antigua und einigen Werftbetrieben auf den britischen und amerikanischen Virgin Islands aus dem Wasser gebracht werden.

Doch zurück ans Mittelmeer. Der ADAC gibt über seine Wassersportabteilung jedes Jahr Listen der Mittelmeer-Häfen mit Slip/Krangelegenheiten heraus. Mit dieser Liste hatte ich vor einigen Jahren eine Menge Ärger. In Cartagena kann der Nautic Club einen Kranwagen bestellen, aber er muß es nicht. Im ADAC-Führer steht aber Kran bis zehn Tonnen. Bei uns war der Kranwagen gerade defekt, also konnte nicht gearbeitet werden. In Motril stand ein Kran bis fünf Tonnen. Richtig, dort steht einer im Club Nautico, nur beträgt dort die Wassertiefe 1,40 Meter, und das reichte für unser damaliges 1.65 m tiefgehendes Trailerboot eben nicht. Also wieder Fehlanzeige.

Deshalb mein Tip. Besuchen Sie eine der großen Bootsmessen und informieren Sie sich dort mittels Foto und Hafenplan über den Standort des Travellifts oder des Hafenkrans. Der Experte kann auch an Hand einer Luftaufnahme im Prospekt der Marinaverwaltung die Krananlage erkennen. Dort stehen viele große Jachten auf Land. An Hand des Schiffstyps können Sie leicht den Tiefgang und das Gewicht der Jacht schätzen. Dann

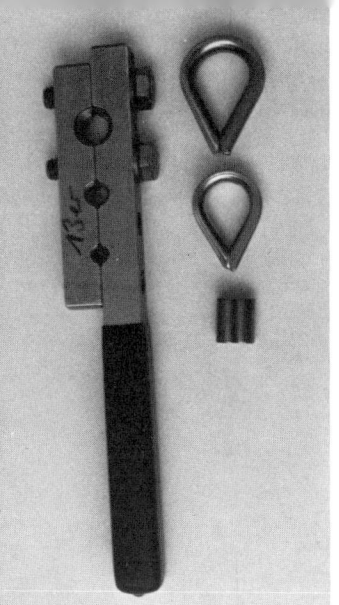

Zweckmäßige Ersatzteile sind wichtig. Amerikanisches Kauschenpreß-Gerät (oben links). – Alle drei Jahre wechsle ich sämtliche Gummischläuche aus. Keilriemenmuster für Autohelm-Selbststeuerung. Ersatzbirnen in Filmdosen. Unten: Acrylglas für Doradelüfter, ein universeller Werkstoff

wissen Sie genau, ob Ihr Boot dort aus dem Wasser gebracht werden kann. Fragen Sie auch noch nach den Gebühren und ob Eigenarbeit gestattet ist. Schließlich sollten Sie noch die Preise für längere Standplatz-Liegezeiten einholen. Die meisten Landliegeplätze sind nämlich teurer als die Stegplätze!

Im Gegensatz zu manchen Seglern konnte ich bisher keinen Unterschied zwischen teuren und billigen Hard Antifouling-Farben feststellen. Ein Wechsel zwischen Weich- und Hart-Antifouling ist sinnlos. Heute werden für Sportboot nur noch Hard Antifouling-Farben verwendet. Auch die Großschiffahrt setzt fast nur noch auf die wesentlich einfacher zu verarbeitenden Hard Antifouling-Farben.

Mischen Sie keine Hard-Antifouling Farben von zwei Fabrikaten in frischem Zustand untereinander. Verwenden Sie nur den vorgesehenen Verdünner für Ihren Farbentyp, sonst werden Sie vielleicht eine böse Überraschung erleben. Nach einer Segelsaison können Sie, so meine Erfahrung, unbedenklich eine neue Unterwasserfarbe auf die leicht angeschmirgelte alte Unterwasserfarbe aufbringen, auch wenn die neue Farbe von einem anderen Hersteller kommt.

Am Bodensee dürfen Sie nur noch organisch abbaubare Unterwasserfarben verwenden, die der Wasserflora weniger zusetzen. An der französischen Mittelmeerküste wird an diesem Gesetz gearbeitet. Das ist gut so, denn alle herkömmlichen Unterwasserfarben waren bisher reinstes Gift in farbenprächtiger Verpackung. Deshalb lieber einmal häufiger schrubben und weniger malen.

FACHWISSEN MACHT UNABHÄNGIG

Bei uns waren Segelboote immer wichtiger als ein neues Auto. Deshalb »investierte« ich das Ersparte in recht alte Autos. Zwangsläufig wurde ich dadurch mit den Tücken der Fahrzeugtechnik vertraut. Als Motorsportjournalist fahre ich etwa 45.000 Kilometer im Jahr ziemlich schnell durch die Lande, weil Zeitungen es auch eilig haben. Das alte Auto mußte das Ziel, sprich die Redaktion, noch erreichen. In welchem Zustand das nach einer Non Stop-Fahrt von Le Mans nach Stuttgart manchmal war, kann jeder an seinen Urlaubsfahrten abschätzen. Nur war bei mir jahrelang jedes Wochenende »Urlaubsfahrt« mit 2 000 Kilometer Sprintetappe.

Zehn Prozent unserer Bordbibliothek mit Schlingerleiste gesichert

Ganz ähnlich ist es mit der Fahrtenjacht. Das Schiff muß heil im Hafen ankommen, und deshalb müssen Sie Ihre persönlichen Fähigkeiten erweitern. Nur ganz Wenige können sich einen Bordmechaniker auf Jahre leisten. Einmal die Einspritzleitung entlüften kostet Sie am Mittelmeer glatt 150 Mark. Ölwechsel und Ventile einstellen geht nicht unter 200 Mark ab. Eine normale Überprüfung und Einstellung von Lenkung, Getriebe und Elektrik kann sie 1 000 Mark kosten.

Meine wertvollste Literatur an Bord sind deshalb Reparaturhandbücher für Motor, Getriebe, Elektrikschaltplan, Pumpen-Reparaturhandblätter, Winschen-Serviceblätter, Montage- und Wartungsanleitungen für den Kühlschrank, Petroleum-Heizung, Gasherd und ein Tankinstallationsplan. Ein dicker Leitzordner ist voll damit. Die normalen Wartungsarbeiten sind damit kein Problem.

Auch wenn Sie jetzt noch zwei linke Hände besitzen, sollten Sie der Schiffsmechanik aufgeschlossen gegenüber stehen. Es dient Ihrer eigenen Sicherheit, wenn Sie die mechanischen Innereien des Boots verstehen und notfalls auch reparieren können. Am Mittelmeer finden Sie fast überall einen guten Bootsmechaniker. Anders sieht es in der Karibik aus. Dort müssen Sie selbst ran, oder sich ein paar hundert Meilen zur nächsten Wartungsstation einer großen Charteragentur durchschlagen.

Eine Arbeitsstunde kostet Sie in den American Virgin Islands runde 150 Mark ohne Material! Mit dem Perkins-Motorhandbuch kann auch ein Volvo-Mechaniker die Ventile einstellen. Ein Yamaha-Mechnaiker repariert Ihnen auch am Mittelmeer einen Johnson- oder Mercury-Außenborder. Dennoch schreibe ich mir in jeden Hafenplan Sitz und Zustand der Reparaturwerkstätten ein. Zum Beispiel: »Estepona-Perkins direkt im Marinagelände großes Ersatzteillager-Ölfilter dort gekauft.« Im Reparaturhandbuch sind auch Perkins-Händler aufgeführt. Nur müssen Sie dafür eventuell ein Taxi bestellen, weil die Werkstätte am Stadtrad von Estepona liegt.

Den »Durchbruch« als mein eigener Bordmechaniker hatte ich erst im 17. Jahr meiner Fahrtenzeit. Über meine alte Segelschule Zoller/Esslingen bekam ich einen Prospekt zugeschickt: »Praxiskurs Motorenkunde«, zwei Wochenenden 150 Mark. Schulung durch Bootsmotorenfachmann Zeitvogel/Radolfszell. Schnell gebucht und skeptisch gewartet, was dabei herauskommt. Schließlich drückte ich wieder die Schulbank, die aus einer typischen Bootsmotorenwerkstatt bestand. In der linken Ecke zwanzig Batterien, rechts fünf Getriebe, eine riesige Werkbank mit einem total zerlegten Daimler-Motor darauf. Keine Frage, hier wird wochentags

Motorenfachmann Zeitvogel im Einsatz. Ein mehrtägiger Lehrgang hilft auf Langfahrten, denn Probleme gibt es immer mit dem Motor

schwer gearbeitet. Am Kurs nahmen acht Mann teil. Zum Schluß konnte jeder an diversen Ein- und Mehrzylinder-Motoren entlüften, Ventile einstellen, Anlasserkohlen erneuern, das Öl wechseln und die verschiedenen Notstartmethoden durchführen. Der Kurs hat mir enorm viel gebracht. Er hat mir die Sicherheit vermittelt, daß ich vor der üblichen Motorinspektion keine Ängste ausstehen muß. Unter Anleitung eines Experten gelernt, schafft es sich auf dem eigenen Boot danach viel entspannter.

Der Aufbau von Bootsmotoren ist kein Hexenwerk. Dazu möchte ich auch die Außenborder und Stromgeneratoren zählen. Das Gefühl zu haben, im Notfall fast alles selbst reparieren zu können, ist super. In der Karibik habe ich einige Bootsmotoren repariert, neue Freundschaften entstanden dadurch. Wenn es ein wirklich gutes Zusammengehörigkeitsgefühl unter Fahrtenseglern gibt, dann in schwierigen Situationen. Fragen Sie beim Generalimporteur Ihrer Motorenmarke nach Schulungs-Kursen. Bei Perkins in Kleinostheim/Frankfurt werden zum Beispiel regelmäßig solche Kurse durchgeführt. Sie nehmen den Bootsmechanikern damit nicht die Arbeit weg. Es gibt immer noch genügend Reparaturen, die Spezialwerkzeug erfordern und auch ein Wissen, das Sie sich nicht in vier Tagen aneignen können. Warum nicht mehr Segelschulen diesen Service anbieten, ist mir ein Rätsel. In England und Amerika sind die Kurse monatelang vorher schon ausgebucht. Dort können Sie auch über Video-Bänder die einfachen Wartungsarbeiten lernen.

SEGEL SELBSTGENÄHT?

Die »Selbermacher« schrecken vor nichts zurück. Das Schiff haben sie selbst entworfen, den Rumpf geschweißt und die Inneneinrichtung gezimmert. Hut ab vor so viel Energie. Es braucht Jahre, bis der »Dampfer« auslaufbereit ist. Das Planen und Bauen hat Spaß gemacht; wenn die Ausreise bevorsteht, finden die meisten immer noch ein paar Wochen Arbeit am neuen Schiff. Die liebgewordene Arbeit steckt ihnen noch Monate später im Gehirn. Ich würde mir den Ausbau eines leichten Renntrimarans mit dem Allernötigsten zutrauen. Aber ein 14-Meter-Fahrten-Schiff ganz auszubauen würde ich nicht wagen. Meine Qualitätsbegriffe von gutem Bootsbau würden von meinen eigenen handwerklichen Fähigkeiten nicht erfüllt werden.

Ähnlich verhält es sich bei mir mit dem Begriff von qualitativ guten Segeln, die für Langfahrt geeignet sind. Wilfried Erdmann ist wohl der einzige Weltumsegler, der sich ein Sturmsegel selbst genäht hat. Alle »Segelgrö-ßen« lassen ihre Segel nähen. Keine Angst, Arbeit gibts genug. Segelreparaturen muß jeder Fahrtensegler ausführen können. Sie brauchen für einen 50 Zentimeter langen Riß etwa zwei Stunden. Ein Schothorn mit entsprechenden Verstärkungsbändern kann für Sie zwei Tage harter Arbeit bedeuten. Da wird der Wunsch nach einer leistungsfähigen Zick-Zack-Nähmaschine spürbar.

Warum dann nicht gleich eine Segelnähmaschine kaufen und die Segel selbst anfertigen? Der Segelmacher verlangt für ein Großsegel, zwei Focks, eine Genua und einen Cruising Spinnaker für ein zehn Meter-Boot runde 15.000 Mark. Eine sehr gute elektrische Nähmaschine mit Voll-Zick-Zack kostet nur 1.000 Mark, das hört sich einfach verlockend an.

An zwei Problemen beißen sich die zukünftigen Segelmacher die Zähne aus: Bezugsquellen für Segelbeschläge und Schnitt der Segel. Die Schothornösen sind heute aus Edelstahl und werden mit einer Spezialpres-se unter höchstem Druck (4 Tonnen) zusammengepreßt.

Sie können diese Ösen vielleicht vom Segelmacher bekommen, aber Ihnen fehlt das Werkzeug zum Pressen. Segeltuch kann man im Seeausrüstungs-geschäft beziehen. Sie bezahlen dafür etwa 100 Prozent mehr als der Segelmacher. Was Ihnen noch fehlt, ist das optimale Segelgarn zum Nähen und die dafür geeignete geschliffene Segelnadel für die Nähmaschine. Diese Dreikantnadeln passen nicht in normale Zick-Zack Nähmaschinen! Sie brauchen dafür eine Industrienähmaschine. Das fertige Segel wird bei einem guten Segelmacher noch mit einer zusätzlichen Appretur versiegelt. Dadurch wird die Schädigung durch UV-Strahlung herabgesetzt.

Die Alterung der Segel hängt von der UV–Strahlung ab. Sie sind vielleicht bei einem Segelmacher fündig geworden und konnten dort alles kaufen; was aber der Segelmacher nicht verkauft, ist seine Erfahrung: der Segelschnitt. Für einen Laien ist es nicht möglich, Segel optimal zuzuschneiden. Ein Segel verändert seine Wölbung im Laufe der Benutzung. Aus einem flach geschnittenen Segel kann schnell ein sehr bauchiges Segel werden, wenn Sie es bei den ersten Törns zu sehr strapazieren. Auch Segel müssen behutsam eingefahren werden. Sie wollen sich den Segelschnitt erleichtern und kopieren Ihr altes, schon vorhandenes Segel? Einfach Nähte auftrennen, neue Bahnen zuschneiden und Segel zusammennähen. Glauben Sie mir, dieses Segel wird Ihnen die Tränen in die Augen treiben. Das neue Segel wird in ein paar Monaten als das alte, ausgewehte Segel noch mehr Bauch besitzen. Ihr Schiff wird noch mühsamer gegen den Wind ansegeln.

Chancen für einen erfolgreichen »Selbstbau« sehe ich bei einer ganz flach geschnittenen Sturmfock und einem ähnlich flachen Trysegel. Beide Segel werden Sie am Mittelmeer vermutlich nie benutzen, also bleibt Ihnen die Hoffnung.

Wie gravierend selbst die Unterschiede unter den etablierten Segelmachern sind, weiß jeder Segler, der sich fürs gleiche Boot bei verschiedenen Firmen Segel anfertigen ließ. Sie sollten Ihrem Segelmacher die Arbeit erleichtern. Machen Sie möglichst präzise Angaben über Ihre zukünftigen Pläne. Ein Beispiel. Ihre Dehler Optima verträgt bei Mittelmeer-Winden eine größere Genua als auf dem Atlantik. Am Mittelmeer wird also der Spinnaker aus leichterem Nylon gefertigt, als für eine Atlantik-Überquerung mit vollbeladenem Boot.

Fragen Sie den Segelmacher nach seinen Kunden. Wer hat mit seinen Segeln schon den Atlantik umrundet? Ist ein Weltumsegler dabei? Vielleicht wird er keine Namen nennen wollen, aber andere Segelmacher sind auskunftsfreudiger. Es gibt erstaunlicherweise recht viele Segelmacher, die schon jahrelang nicht mehr auf einer Segeljacht unterwegs waren. Fragen Sie deshalb den Segelmacher nach seinem eigenen Boot. Fährt er Regatten oder Überführungstörns? Das sind zwei paar Stiefel. Von einem Regattasegelmacher dürfen Sie optimale Regattasegel erwarten, aber schneidert er mit der gleichen Qualifikation auch Fahrtensegel zurecht, die 20 000 Seemeilen halten sollen?

Aus eigenen schlechten Erfahrungen lasse ich heute nur noch über den deutschen Lee Sails-Vertreter Segel in Hongkong anfertigen. Dort werden fahrtenseglergeeignete Segel in wirklich sauberer Qualität geschneidert. Die zusätzliche Handarbeit beim Vernähen zeigt sofort, ob hier mit der Arbeitszeit gespart wurde oder nicht. An diesen neuralgischen Stellen werden Sie dann auf hoher See zuerst Probleme bekommen. Fahrtensegel sollen immer dreifach vernäht sein; wer das ablehnt, versteht nichts vom Segelmacher-Handwerk. Einige der größten Windjammer bekamen neue Lee-Segel aus Hongkong. Nur noch ganz wenige Segelmachereien können solche Segel heute noch anfertigen. Bei einem Rahsegler müssen die Hauptsegel zehn Jahre halten; wie sieht Ihr Segel nach fünf Jahren aus? Deshalb sollten Sie die Segel der anderen Schiffe in der Bucht genau ansehen. Fragen Sie nach der Reiseroute und dem Wetter. Ein gutes

Ein neues Boot ist für einen großen Törn völlig ungeeignet. Die wichtigen Kleinigkeiten machen aus der nackten Stube erst ein gemütliches Zuhause

Großsegel wird Sie auch nach 20 000 Seemeilen nicht im Stich lassen. Das Tuch wird nach etwa 35 000 Seemeilen brüchig. Das Problem sind die nicht 100 prozentig UV-beständigen Garnsorten. Zuerst reißen die Nähte, dann erst das Segel. Segelmacher in Kalifornien, Florida oder Hongkong arbeiten mit UV beständigeren Garnen als skandinavische Segelmachereien. Eine repräsentative Umfrage bei deutschen Fahrtenseglern hat bisher noch keine Fachzeitschrift durchgeführt. Das wären interessante Ergebnisse, die für Langzeitsegler hilfreich sein müßten.

Ihre Segelgarnitur kann einfach, muß aber zweckmässig sein. Mein wichtigstes Segel am Mittelmeer ist der Cruising Spinnaker (Blister, Booster etc.). Gerade auf einem recht schweren Langkieler macht sich ein Leichtwettersegel immer bezahlt. Das Schiff läuft mit zwei Windstärken schon fabelhaft dahin. Der Motor bleibt still, das ruhige Dahingleiten ist Balsam für Ihr Gemüt. Spinnaker-Segeln kann bei wenig Wind traumhaft schön sein. Mit dem Spinnakerstrumpf setzen und bergen Sie auch 150 qm große Blister einwandfrei vor dem Wind. Heute würde ich mir vor einer großen Leichtwetter-Genua einen Cruising Spinnaker anschaffen.

Neben dem Großsegel reicht eine starke Normalfock, eine 50-Prozent-Genua und der Cruising Spinnaker. Mit diesen vier Segeln sind Sie zu 95 Prozent gut ausgerüstet. Für die restlichen 5 Prozent wäre eine Sturmfock empfehlenswert. Auf ein Trysegel können Sie bei einem dreifachen Bindereff am Mittelmeer verzichten.

Wenn Sie einige Segel gleichzeitig beim Segelmacher bestellen, werden Sie einen Nachlaß erhalten. Von September bis Ende Januar gibt es noch einmal Rabatte. Wer nur über den Preis Segel einkauft, wird keine optimale Beratung und Lieferung bekommen. Ein erfahrener Segelmacher wird sich auf einer Bootsmesse mit Ihren Segelwünschen ordentlich befassen. Die Konkurrenz ist nur ein paar Meter weiter.

Fabrikneue Segel von Serienschiffen sind häufig Billigware, die mit guter Segelmacherqualität nicht vergleichbar ist. Schauen Sie sich einmal die Schothörner genau an, statt Lederbesätzen ist bei der Erstausstattung meist nur ein Dacronstreifen mitvernäht. Heute wird bei Serienschiffen um Markbeträge kalkuliert. Wer das akzeptiert, wird gerade nach Ablauf der Garantiefrist seine neuen Segel nachnähen lassen müssen. Den Ärger sollten Sie sich ersparen.

Für Relingskleider, Kojensegel und Polsterarbeiten brauchen Sie den Segelmacher nicht. Qualitativ genauso gut sind selbstgemachte Stücke aus Markisenstoff. Schneiden Sie die genauen Maße aus billigem Stoff oder starkem Packpapier zurecht. Dann lassen sich die Originale in Ruhe zu Hause über den Winter anfertigen.

TEIL 5

IMMER ÄRGER MIT DER KOJE

Weltumsegler Peter Kammler hat Erfahrungen mit unbequemen Kojen reichlich genossen. Dreieinhalb Jahre lang rund um den Globus: »Auch auf einer großen Jacht muß es zwei Kojen geben, die bei jedem Wetter Schlaf garantieren, bei meinem Schiff war das nicht der Fall, und ich kenne wenige Schiffe, wo die Eigner mit ihrer Schlafgelegenheit zufrieden sind«. Kammler's Boot wurde auf einer renommierten englischen Werft gebaut, dort haben auch schon Könige Schiffe bauen lassen.

Unser Segelboot hat sieben Schlafplätze. Die mittlere Längskoje ist gut, die Hundekoje achtern könnte besser sein, die beiden vorderen Kojen sind nur beim ruhigen Ankern wirklich bequem, den Rest kann ich auf Langfahrt getrost vergessen. Fazit: Eine sehr gute Koje und zwei ordentliche Schlafstellen auf einem Schiff, das gut zehn Mal so teuer ist wie ein komfortabler Wohnwagen.

Auf unserem 7,60 Meter langen Trailerboot hatten wir zwei gute Kojen und zwei mittelmässige Vorschiffskojen. Schiffsgröße und Preis sind wirklich kein Maßstab für gut konstruierte Kojen. Auf der Bootsausstellung sieht man nicht, wie gut man später bei einem wochenlangen Törn in der Koje seine Ruhe findet. Unsere Hundekoje ist einfach zu exponiert am Niedergang plaziert. Während der Nachtwache hört die Freiwache jeden Tritt im Cockpit. Winschen werden 90 Zentimeter über mir gedreht;

ich liege mitten im Resonanzkasten und finde nur schwer den notwendigen Schlaf. Solch eine Koje ist für kurze Törns mit gelegentlichem Nachtsegeln tolerierbar, für eine ozeantaugliche Jacht eignet sie sich nur bedingt.

Ganz weit weg von den Cockpit-Geräuschen sind die beiden Vorschiffskojen. Im Hafen werden sie als ständiges Schlafzimmer von uns benutzt. Aber in Fahrt sind sie hoch am Wind unbewohnbar. Nur die auch als Doppelbett ausziehbare Mittschiffskoje wird heißgeliebt. Eng und kuschelig während der Nachtörns. Komfortabel und breit, wenn sie im Hafen ausgezogen wird.

Man sieht das grundsätzliche Kojenproblem. Auf See soll die Liegefläche nur 70 cm breit sein, damit man nicht ständig im Seegang hin und her rollt. Im Hafen sind 70 Zentimeter eine Zumutung. Daher sollten Kojen ausziehbar sein. Wenn Sie Ihre Nachtruhe künftig auf einem absenkbaren Tisch verbringen wollen, dann schlafen Sie einmal auf dem Traumboot Ihrer Wahl dort eine Nacht zu Probe. Es ist die reine Marter. Die Polster verrutschen, Kanten drücken Sie und die Beine können Sie auch nur diagonal ausstrecken. Bei hohem Seegang überstehen Sie die Nacht nur, wenn Sie auf dem Bauch mit ausgestreckten Armen schlafen können. Sonst werden Sie garantiert von ihrem eigenen Schiff aus der Koje geworfen.

Kojen lassen sich nur schlafenderweise testen. Ein Chartertörn ist jede Mark wert, Sie werden sich über die sogenannten Raumwunder aus deutscher oder französischer Produktion noch wundern. Selbst wenn Sie nicht unter Platzangst in den beiden achtern liegenden Doppelkojen leiden, Ihr schöner Kopf wird im Laufe des 14 Tage-Törns von mancher Beule aus der sogenannten Eignerkajüte gezeichnet sein. Vielleicht wachen Sie jeden Morgen mit Kopfschmerzen dort hinten auf. Das geht fast allen so, wenn die Lüftung nur aus einem lächerlich kleinen Bullauge besteht.

Es ist kein Geheimnis, daß erfolgreiche Werftbesitzer meist keine Zeit zum Segeln haben, geschweige denn zum Schlafen an Bord. Fragen Sie deshalb bei jeder Gelegenheit andere Segler nach ihren Kojenerlebnissen. Ja, auch nach den anderen. Segeln soll ja Spaß bereiten ... Alte Schiffe sind immer etwas unbequemer zum Segeln, geschlafen wurde dort aber eindeutig bequemer. Da gab es nur stramme Längskojen mit hohem Süllrand. Darunter ausziehbare Schubladen. Die Matratzen fühlten sich hart an, aber man schlief ohne »krummes« Kreuz hervorragend darauf. Über dem Körper war ein guter Meter Luft, damit man frei atmen konnte und sich das Hinterteil beim Herumdrehen nicht am unteren Teil des Cockpitbodens schrammte. Morgens beim Anziehen konnten die alten Segler aufrecht ihre Beinkleider anziehen, heute verlangt man von Ihnen einen

umgedrehten Striptease liegenderweise in Ihrer Achterkajüte. Wie lange lassen Sie sich das noch gefallen?
»Jachten werden nicht auf See gekauft, sondern auf der Bootsmesse in der Halle«, sprach ein erfolgreicher Bootsverkäufer. »Segeln Sie auch?« fragte ich ihn. »Ja, einmal im Jahr, wenn die Firma die neuen Boote ordert, sonst habe ich keine Zeit dafür«. So ist das. Schauen Sie sich auf den Bootsmessen die naturgebräunten Verkäufer an, die mit den weißen Händen waren wohl nur in Gedanken auf dem Meer. Von solch einem Segler können Sie kein objektives Urteil über ihr zukünftiges Bett erwarten.

ROCK AROUND THE PANTRY

Nur wenige Einrichtungsdetails ärgern mehr, als eine nicht funktionsfähige Küche. Pantry getauft, ist ihre Einrichtung ein fast unerschöpfliches Thema beim Seglerklatsch. Dabei stehen die wenigsten Männer dort ihren Mann, mich eingeschlossen.
Ob das Schiff groß oder klein ist, bei fast allen Segeljachten mangelt es an Stauraum für Töpfe und Pfannen. Bis auf ganz wenige Ausnahmen wird mit den Ablageflächen gegeizt. Wie soll abwechslungsreich gekocht werden, wenn nicht einmal Platz für drei Schüsseln und ein Schneidbrett auf einem 150 000 Mark Boot zu finden ist?
Beim Ausstellungsbesuch bemerkt die Bordfrau nicht die Tücken einer schlechtkonstruierten Bordküche. Selbst professionelle Charterunternehmen fallen auf schöne Baupläne herein. Die berühmte 21 Meter lange 50-Tonnen-Ketsch »Hannover« barg in einem seitlichen Verließ eine Miniaturküche, in der für 14 Mann auf zwei Brennstellen gekocht werden mußte. Die Ablagefläche war 40 x 70 cm, darauf mußte angerichtet werden.
»Um nichts in der Welt würde ich noch einmal eine Atlantiküberquerung mit solch einer hundsmiserablen Pantry machen«, sprach Ines, die Bordfrau. Dazu wird es auch nicht mehr kommen. Die »Hannover« liegt heute am Grund der Karibischen See – ein kleines Riff war im Weg.
Bei einem gebraucht gekauften Boot wird die Kücheneinrichtung schon praktikabler umgebaut sein. Dennoch kann immer noch einiges verbessert werden. Stimmt es mit der Lüftung? Hängt der Kocher in Längsrichtung

zum Schiff? Reicht der Platz für einen kombinierten Backofen? Ist Gas nicht doch besser als Petroleum? Viele Detailfragen, bei denen sich das Nachdenken lohnt. Zudem spart es Geld. Wenn es der Mannschaft an Bord prächtig schmeckt, verdienen die Restaurants weniger, das tut der Bordkasse gut.

Über die richtige Position der Pantry gibt es heute keine Diskussionen mehr. Direkt am luftigen Niedergang arbeitet es sich auf kleinen und mittelgroßen Schiffen bis etwa 16 Meter Länge magenfreundlich. Vor dem zweiten Weltkrieg wurde die Pantry vor dem durchgehenden Mast ganz im Vorschiff plaziert; nur die stärksten Segler standen das durch. Funktionell können auch Schiebepantries sein. Bei den kleinen Comar- und Dufour-Jachten funktioniert das ganz gut. Es ist ein Provisorium, aber immer noch besser, als ein freihängender Kocher ohne jeglichen Abstellplatz für Topf und Pfanne.

Die Minimalausrüstung besteht für mich aus einem zweiflammigen Kocher, Platz für zwei Töpfe und eine Pfanne. Bequem zugänglicher Stauraum für sechs Essteller, drei ineinander passende Schüsseln, sechs Frühstücksteller und sechs große Tassen für Kaffee, Tee und Suppen. Dazu Besteck für sechs Personen.

Für einen Campingbus schreinerte ich mir einmal eine Esskiste, in die alles hineinpasste. Maße 40 x 60 x 30 cm. Dieser Raum müßte sich auch auf jedem kleineren Kajütboot finden lassen. Das Problem sind natürlich die runden Bordwände. Deshalb sind die rechteckigen Schiebepantries auch so überraschend geräumig.

Ein zweiteiliges Spülbecken ist sein Geld wert. Besser als ein zu kleines Spülbecken ist ein simpler Eimer. Preiswerte, formschöne Spülbecken-Kocher-Kombinationen gibt es bei Wohnmobil-Ausbau-Geschäften. Dort sind die Probleme ja ähnlich wie auf unserem Schiff. Zwei Gasbrenner, Edelstahlbecken und Ablage gib es dort für 200 Mark. Der billigste Petroleum-Bootskocher schlägt hingegen mit 600 Mark ein Loch in die Bordkasse.

Ob Sie nun einen frei schwingenden, kardanisch aufgehängten Schiffsko-cher oder einen starren Campinggaskocher einbauen, hängt vom Boot und Ihrem zukünftigen Fahrtengebiet ab. Für Tagesreisen genügt ein starrer Kocher, da bleibt meist die Küche kalt. Zum Anwärmen einer Fertigge-richt-Dose reicht der feste Kocher immer aus. Auf unseren Atlantikfahrten mußte natürlich wochenlang bei teilweise sehr ruppigem Seegang gekocht und gebacken werden. Ein frei schwingender Kocher ist da auch nicht ideal. Die Schwingbewegungen müssen mit Federn oder Gummistropps

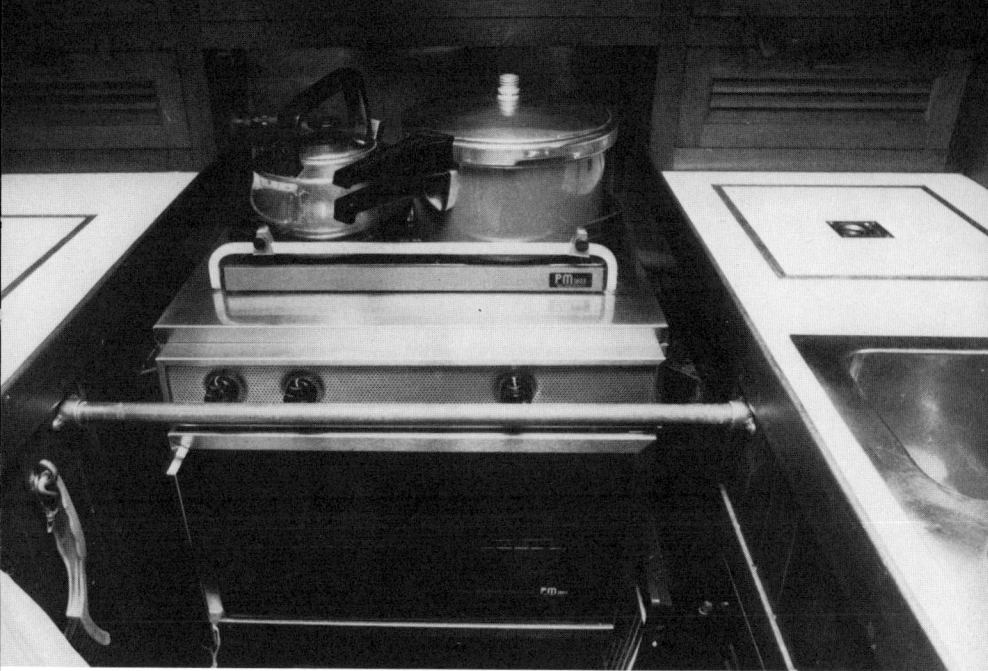

Unsere Pantry nach zweimaligem Umbau. Links Kühlbox mit Unterteilung. Kardanisch aufgehängter Edelstahl-Gasherd mit Backröhre. Rechts Abfallbehälter und doppelte Spüle mit Frisch- und Seewasseranschluß. Alle Stauräume mit Lamellentüren zur guten Belüftung

gedämpft werden. Jetzt zurren wir den Kocher ab einer gewissen Schäglage fest, wenn unsere »Larantuka« hoch am Wind segelt. Das wichtigste bei jedem starr oder kardanisch aufgehängten Kocher sind gute Topfhalterungen. Optimus hat recht gute Topfklemmer, die sich verstellen lassen. Am wirkungsvollsten sind individuell an die Topfgröße angepasste Edelstahlbänder, die zusammengeschweißt sind.

Bei hohem Seegang sollten Sie nur mit einem Dampfkochtopf hantieren. Fällt er um, verbrühen Sie sich nicht am heißen Kochwasser. Hohe Töpfe, die man nur halb füllt, sind natürlich sicherer als flache, volle Töpfe, die leichter überschwabben. Lassen Sie sich bei anderen Fahrtenseglern die Pantry vorführen, das macht Freude. Sie werden Ihre Traumküche nach persönlichen Gesichtspunkten selbst zusammenstellen. Gekaufte Serienmodelle sind immer verbesserungswürdig.

Lange Zeit gab es nur vernünftige Petroleum- und Spirituskocher. Heute ist Gas am meisten verbreitet. In Amerika geht der Trend eindeutig zum

109

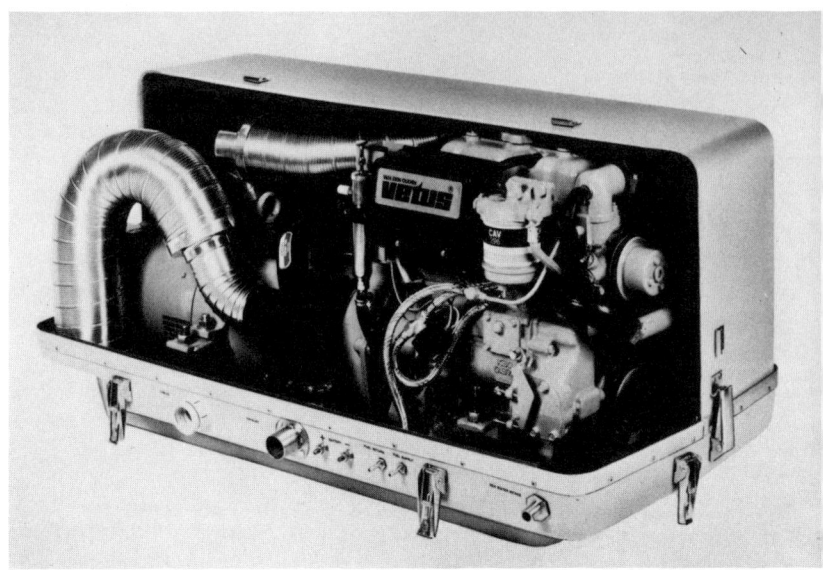

Voll verkapselte Stromgeneratoren werden in Amerika zum Kochen, Heizen und zur Batterieladung benutzt. Keine schlechte Idee.

Elektroherd. Der Bordgenerator liefert Strom für drei Kochplatten, einen Mikrowellenherd und die Backröhre. Warmes Wasser gibt es an jedem Wasserhahn im Schiff. Das kann ja kein normaler Sterblicher bezahlen, werden Sie sich denken. Tatsächlich sind heute schon über 60 Prozent der großen amerikanischen Charterjachten über 16 Meter Länge vollelektrisch ausgerüstet. Stellt man beim Neubau einer großen Jacht die elektrischen Geräte in normaler Haushaltsausführung zusammen und rechnet man noch einmal ca. sechstausend Mark für einen leistungsfähigen, schallgedämpften Dieselgenerator dazu, dann ist der Unterschied zu den in Kleinserie gefertigten Gas- und 12-Volt-Geräten gar nicht mehr so groß. Die Betriebssicherheit von Großserien-Haushaltsgeräten ist viel größer als bei Jachtzubehör. Ersatzteile gibt es für Haushaltsgeräte in jeder größeren Stadt.

Für mich kommt solch ein zentrales Kleinkraftwerk schon aus finanziellen Gründen nicht in Frage. Die Abhängigkeit von einem System würde mir auf hoher See Kopfschmerzen bereiten. Der ständig leise vor sich hinbrummende Generator ist eine zusätzliche Maschine, die gewartet werden will. Nein, zum hauptberuflichen Maschinisten fühle ich mich nicht berufen.

Ohne »Back up System« gehen wir schon lange nicht mehr auf große Fahrt. Fällt der eingebaute Gasherd einmal wegen Spritmangel aus, kommt ein kleiner Poebus Petroleum-Kocher in die Spüle. Dieser äußerst robuste Campingkocher ist expeditionsbewährt und kann nach einem einfachen Düsenwechsel wahlweise auch mit Benzin oder Spiritus betrieben werden. Gelegentlich verziehen wir uns vom Schiff aufs Land. Dann schlagen wir unser Igluzelt auf und kochen auf einem einfachen Holzfeuer. Urlaub vom eigenen Schiff? Warum nicht, danach macht Segeln noch mehr Spaß – und die Arbeit in der stampfenden und rollende Küche.

WASSER IST EIN LUXUS

In Schlangenlinie fährt die französische 14 Meter-Jacht »Isabelle« auf unser Boot zu: »Habt Ihr ein paar Liter Wasser, unser Tank ist völlig leer«. Acht Mann an Bord des 250 000 Mark teuren Luxusschiffes, das laut Prospekt »Segler mit Regatta-Ambitionen zufrieden stellen wird«. 180 Liter faßt der Trinkwassertank. Das reicht auf den heißen Westindischen Inseln einer achtköpfigen, wasserverwöhnten Mannschaft für drei Tage ungestörten Wasserkonsums.

Vierzig Liter Wasser wechselten gegen zwei Flaschen Rotwein den Besitzer. In unserem Tank ruhten immer noch 450 Liter Wasser plus 200 Liter als eiserne Reserve im zweiten Tank. Damit kann eine vierköpfige Besatzung zehn Tage lang einmal am Tag duschen. Zum Kochen und Geschirrspülen braucht man sich nicht einzuschränken.

Sechs Mann hoch sind wir vor drei Jahren schon einmal mit 650 Liter Wasser über den Atlantik gesegelt. Der Vorrat mußte für 23 Tage reichen. Alle vier Tage einmal kurz duschen, abgespült wurde das Geschirr nur mit Salzwasser. In Martinique angekommen, hatten wir noch achzig Liter Wasser im Tank. Das hätte noch einmal für mindestens sieben Tage gereicht.

Mit zehn Liter Wasser pro Tag und Person rechnet der erfahrene Langzeitsegler am Mittelmeer. Wer sich beim Duschen und Geschirrspülen einschränkt, kommt auch mit sechs Liter Wasser aus. Darunter wird es ungemütlich. Der Komfort an Bord hängt also ganz wesentlich von einer sinnvollen Wasserversorgung ab. Bei klassischen Fahrtenjachten mit langem Kiel sind die Tanks meist größer als bei den modernen Kurz-Kielern. Auf jeden Fall läßt sich in einem langen Kiel das Tankvolumen durch Zusatztanks erheblich vergrößern, ohne daß wertvoller Stauraum unter den Kojen dafür herhalten muß.

Ich halte schon deshalb Fahrtenjachten mit klassischem Langkieler-Riß für langstreckentauglicher als die modernen Kurzkieler. Ein Fahrtensegler möchte auch einmal für eine Woche oder länger am gleichen Ankerplatz verweilen. Ich kenne viele Kollegen, die sich wochenlang in einer schönen Ankerbucht zu Hause fühlen. Losfahren, nur weil das Wasser alle paar Tage aufgebraucht ist? Jeden zweiten Tag eine Marina ansteuern, nur weil der Tank schon wieder leer ist? So treibt sich der Segler ganz allein in eine Streßsituation, die völlig unnötig ist.

Die Zeltplane ersetzt den Wasserhahn. In der Karibik regnet es zum Beispiel täglich pünktlich zwischen vier und halb fünf Uhr für ca. zwanzig Minuten. Meine zwei mal drei Meter große Wasserauffangplane erbrachte in Dominica im Schnitt 35 Liter kostenfreies Trinkwasser. In Martinique und St. Lucia flossen etwa 25 Liter in den Vorratstank, in St. Vincent und auf Grenada kamen nur noch zehn Liter Regenwasser zusammen. Zwischen St. Vincent und Grenada liegen die Kleinen Grenadinen-Inseln. Dort regnet es nur ganz sporadisch, Wasser kommt mit dem Tankschiff aus Barbados oder Venezuela. Dabei liegt St. Vincent und Grenada mit dichtem Regenwald und täglichem Regenüberfluß nur ein paar Stunden für ein Tankschiff entfernt. Was dort fehlt, ist eine Pier, wo der Tanker anlegen kann. Das Sonnensegel eignet sich meiner Ansicht nach weniger gut für eine effektive Wasserversorgung. Die meisten Sonnensegel sind schon nach wenigen Monaten im Mittelmeerklima von einer dünnen Staub- und Sandschicht überzogen. Salzwasser läßt sich nie ganz an Deck vermeiden. Regnet es dann einmal richtig, muß zuerst das verschmutzte Sonnensegel zehn Minuten lang vom Regen gereinigt werden. Bis dahin hat es oft schon aufgehört zu regnen.

Der schönste Dauerregen nützt natürlich wenig, wenn die Tankkapazität zu klein ist. Helfen Plastikkanister nicht entscheidend weiter, müssen zusätzliche elastische Gummi/Kunststofftanks installiert werden. Nach meinen Erfahrungen bewähren sich die zusammenlegbaren zehn Liter-Faltkanister sehr gut. Die Lebensdauer liegt auch unter strammen Seegang und entsprechend rauher Benutzung bei etwa drei Jahren am Mittelmeer. Eine Polsterung in Form von preiswerten Camping-Isolier-Schlafmatten

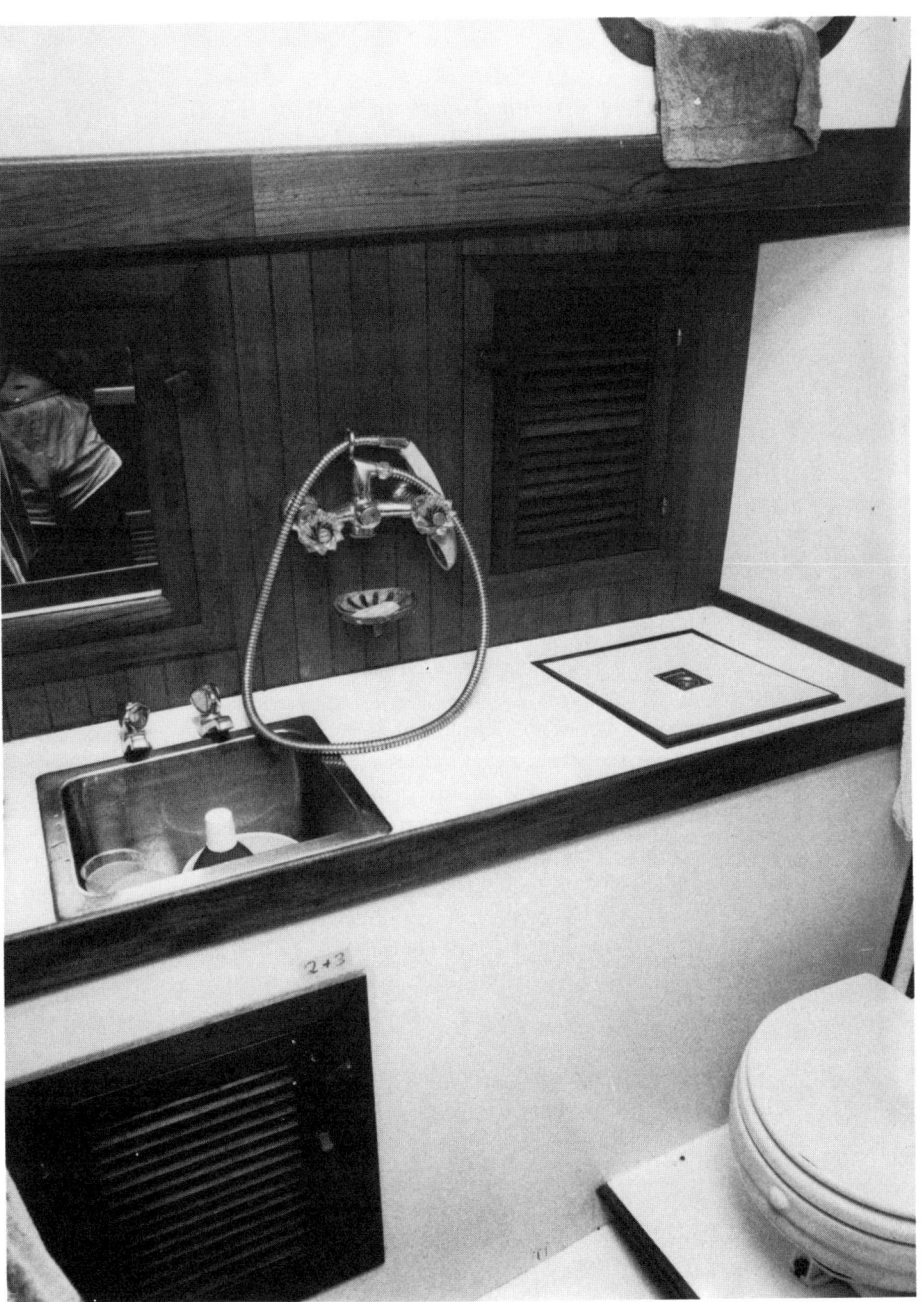

Unser Toilettenraum. Volle Stehhöhe und genügend Raum zum Duschen. Warmwasser über Motorwärme-Tauscher.

hat sich auch auf Atlantik-Törns gut bewährt. Große Trinkwasser-Tanksäcke aus Kunststoff werden auf fast allen französischen Großserienjachten eingebaut. Das hält die Baukosten niedrig. Selten überstehen diese sicherlich preisgünstigen und auch ganz praktischen Tanks im halbgefüllten Zustand einen Sturm oder eine Atlantik-Überquerung unbeschadet. Im vollgefüllten Zustand sind diese Tanks formstabil, im fast entleerten Tank ist die Belastung erheblich größer. Geplatzte Nähte gibt es bei den neuen, aus Kunststoff gefertigten Tanks kaum mehr. Die alten Gummitanks waren da viel empfindlicher. Das Problem liegt an den Scheuerstellen. Eine Konservendose kann solch einen Tank in einer Sturmnacht mit Leichtigkeit zerstören.

Den gesamten Wasservorrat würde ich deshalb auf keinen Fall mit flexiblen Wassertanks abdecken. Ein System aus festeingebautem Edelstahl- oder GFK–Tank plus flexiblem Zusatz-Wassertank und einigen Plastikkanistern erscheint mir praktikabel für das Mittelmeer. Auf Langfahrt gibt es für mich nur festeingebaute Edelstahltanks und zusätzliche Wasserkanister, die ich bei Bedarf im Beiboot transportieren kann.

Die Wasserkanister benutze ich auch als zusätzlichen Ballast. Hoch am Wind lassen 150 Liter Wasser eine 12 Tonnen schwere Jacht spürbar aufrechter segeln. Bei der Atlantiküberquerung wurden diese Zusatzkanister im Heck gestaut. Dadurch kam unser Boot mit der Passatbeseglung unter starkem achterlichen Wind mit dem Bug höher aus dem Wasser, was sich auf die Bootsgeschwindigkeit mit einem halben Knoten schnellerer Fahrt bemerkbar machte. Bei drei Wochen Überseglerzeit betrug der Geschwindigkeitsvorteil rechnerisch 252 Seemeilen oder volle zwei Tage kürzeres Segeln! Auf kleineren Jachten ist der richtige Trimm ausschlaggebend für die Segeleigenschaften. Bevor Sie nun in allen leeren Stauräumen flexible Wassertanks installieren, sollten Sie mit Kanistern den Wasserpaß am Steg beobachten. Die meisten Boote vertragen wenig zusätzlichen Wasserballast im Bug.

In der Mitte überladen, wird zum Beispiel eine acht-Meter-Jacht mit 2,3 Tonnen Leergewicht um einen Knoten langsamer, wenn die Wasserpaßlinie um zehn Zentimeter durch zu viel Proviant/Wasser abgesenkt wird. So war es bei unserem Kurzkiel-Vierteltonner, mit dem wir bis nach Spitzbergen und nach Dakar segelten. Ein ständiger Kampf um jedes Kilo zusätzliches Gewicht; hat mich fast zwangsläufig zum Langkiel-Fan werden lassen.

Wird das Heck überladen, nehmen die guten Segeleigenschaften noch dramatischer ab. Das Heck saugt das vorbeiströmende Wasser förmlich an, die Geschwindigkeit sackt ab und die Ruderkräfte erhöhen sich ganz beachtlich. Selbstverständlich verschlechtern sich durch diese Überladung auch die Kreuzeigenschaften hoch am Wind. Nach meinen Erfahrungen werden die an sich konstruktiv vorhandenen besseren Kreuzeigenschaften von Kurzkielern bei Überladung so vermindert, daß eine konventionell konstruierte Langkieljacht wesentlich angenehmer zu führen ist und der Geschwindigkeitsvorteil eines Kurzkielers zumindest verkleinert wird. Bevor Sie nun ein Boot kaufen, sollten Sie auf einem Probetörn die Segeleigenschaften mit einer überstarken Crew testen. Packen Sie auf einen Vier-Personen-Seekreuzer acht Personen, dann haben Sie das Gewicht von nur zusätzlichen 280 Liter Trinkwasser simuliert, sofern die eingebauten Trinkwasser- und Dieseltanks voll sind.

Für eine Reise in die Südsee kommt deshalb eine Sieben Meter-Jacht schon für zwei Personen nicht mehr in Frage, selbst wenn Ihr Magen das mitmachen würde. Wasser und Konserven für mindestens zwei Monate Fahrt würden Ihr Trailerboot hoffnungslos unter die Konstruktions-Wasserlinie absinken lassen. Am Mittelmeer ist das weniger problematisch. Dort findet man ja alle paar Tage einen Ort zum Proviant fassen. Auf abgelegenen griechischen Inseln kann das leicht zum fulltime-job ausarten, wenn Sie zu kleine Tanks und zu viele Personen an Bord haben.

IHR SCHIFF BRAUCHT LUFT

Lebensqualität an Bord hängt ganz wesentlich von einer wirkungsvollen Lüftung ab. In feuchtheißem Klima bildet sich schon nach vier Wochen Schimmel auf dem so schön geölten Teakholz in der Kajüte. Baumwollbezüge fangen nach wenigen Tagen zu modern an. Sogar das Innenfutter von Gummistiefeln zeigt Verfall: weißblauer Schimmel breitet sich aus.
Das Werkzeug rostet mit dem Edelstahl-Besteck um die Wette. Funkgeräte, Eiskompressoren, Radios und Navigationsgeräte, einfach alles fängt an zu korrodieren. Edelstahl bietet in feuchtheißer Umgebung nur wenige Monate Widerstand gegen das salzgeschwängerte Saunaklima.
Schlecht belüftete Schiffe sollten im Zeitalter von wirklich wasserdichten Luken, modernen Lüftern und der Solarenergie eigentlich nicht mehr vorkommen. Das Gegenteil ist der Fall. Viele Jachten vergammeln am Steg

und nicht auf hoher See. Das Problem ist vielschichtig. Wasser kommt immer in das Schiff. Auch bei pottendichten Stahlbooten wird über die nasse Seglerkleidung Salzwasser ins Schiff gebracht. Kondenswasser ist ohnehin auf Stahljachten das Problem Nummer eins. Kochdämpfe verbreiten sich überall. Ich habe noch kein Stahlschiff gesehen, das nach zehn Jahren Gebrauch hinter der Isolation rostfrei gewesen wäre.

Auch Kunststoffjachten nehmen Kondenswasser auf. Zusätzliche Schwachstellen sind alle Verschraubungen, die durch Deck und Rumpf gehen. Kunststoff schrumpft im Laufe der Jahre genauso wie Silicon-kautschuk, mit dem Verschraubungen abgedichtet werden. Dadurch kommt Wasser ins Schiff. Neuralgische Punkte sind die Püttingeisen, Rumpf/Deck-Verschraubung und Luken. Hier zehn Gramm Wasser, dort ein Zahnputzbecher voll, schließlich wird aus dem einstmals dichten Kunststoffboot ein nasses, unbequemes Schiff. Hal Roth wollte reinen Tisch machen und brachte seine Whisper in die Werft zurück. Dort wurden Rumpf und Deck wieder getrennt, neu verschraubt und überlaminiert- und das Boot war immer noch nicht dicht. Gibt es kein Mittel gegen undichte Schiffe? Je leichter eine Jacht gebaut ist, desto wahrscheinlicher kommt Seewasser durch Ermüdungserscheinungen im Kunststofflaminat ins Schiff. Ein starker Rumpf belastet die Verbände weniger. Bei einem steifen Schiff kann die undichte Stelle leichter lokalisiert werden als auf einem flexiblen Boot.

Das beste Mittel gegen muffelige Schiffe ist aber eine gute Durchlüftung. Auch bei schlechtem Wetter muß eine Luftumwälzung gewährleistet sein. Bei unserem ersten Karibik-Törn mußte ich neun Monate lang fast jede Nacht irgend welche Bullaugen und Luken wegen tropischem Regen schließen. Meine schönen Dacron-Schutzdächer über dem Vor-, Haupt- und Niedergangsluk sahen prima aus, aber wirklich wasserdicht waren sie nicht. Sogenanntes Wachstuch, wie es für Tischdecken verwendet wird, wäre das geeignetere Material gewesen. Schließlich besorgte ich mir in den British Virgin Islands armierte Plastikplanen und nähte mir daraus wasserdichte Lukendächer. Das Problem war damit aber noch lange nicht aus der Welt. Scharfer Seitenwind ließ die Schutzdächer hochschwingen. Einmal traf mich auch der volle Eimer Wasser, den ich über dem Vordeck aufgehängt hatte. Daraus lernt man. Schließlich kaufte ich mir einen guten 12-Volt-Ventilator. Wenn es nachts zu regnen anfängt, schließe ich die besonders exponierten Bullaugen und das Vorluk, drehe den Ventilator an und lege mich wieder schlafen. Der Stromverbrauch liegt bei 2 Ampère je Stunde. Viel Strom für recht wenig Leistung, aber immer noch besser als

Nicro Solarlüfter (links oben) kann bei schwerem Wetter mit GFK-Deckel vollständig geschlossen werden. Hervorragend bewährt. – Tannoy Lüfter (daneben), ungenügende Lüftungsleistung. – Unten: Goiot Luken, ideal plaziert. Dazu Doradelüfter für permanente Lüftung

eine nasse Koje oder ein stickiger Raum. Das regensichere Bullauge muß auch erst noch erfunden werden. Regenblenden in Form von Plastikdächern oder Isolationsrohr-Stücken haben sich recht gut bewährt. Fürs Mittelmeer reichen solche Konstruktionen, aber für wirklich tropische Regenfälle sind solche Aufsätze ungeeignet. Kommt der Regen direkt von oben, sind nur Plastik- oder Wachsplanen wasserdicht. Segeltuch, imprägniertes Baumwoll-Kunststoffgewebe, Markisenstoffe oder Zeltstoffe, alle lassen Wasser durch, wenn es in einer Nacht so viel regnet wie in Deutschland in einem viertel Jahr.

Lebt man an Bord, kann man ja reagieren. Wirklich problematisch sind die Monate, in denen keiner an Bord ist. Schon wegen der Diebstahlgefahr dürfen die Luken nicht offenbleiben. Offene Bullaugen verleiten geschickte Langfinger zur Schlingen- und Hakenmethode. Offenliegende Geräte werden so mit dem »Verlängerungsgriff« geklaut. Türriegel werden hochgeschoben, dann wird die Eingangstür nur noch aufgedrückt.

Die wasserdichten Dorade-Lüfter bringen etwas Umluft in die verschlossene Kajüte. Aber richtig durchlüften kann nur ein leistungsstarker Lüfter. Dank Solarenergie gibt es heute Elektrolüfter, die völlig frei von jeder Verkablung pro Stunde zwischen 40 und 60 qm Luft umwälzen. Bei einem englischen Solarlüfter lädt die kleine Solarzelle einen Nickel-Cadnium-Akku am Tag auf. In der Nacht, wenn andere Lüfter nicht mehr laufen, arbeitet der englische Solarvent mit seiner eingebauten und jetzt aufgeladenen NC-Zelle.

Ich benutze den amerikanischen Nicro-Solarlüfter seit einem Jahr und bin damit wirklich zufrieden. Sein Edelstahlgehäuse ist trittsicher und kann bei schwerer See ganz aus seiner Halterung herausgenommen und mit einem mitgelieferten Paßstück absolut wasserdicht verschlossen werden. Eine Rund um die Welt-Reise hat dieser Lüfter bei zwei amerikanischen Rennseglern beim letzten »BOC-Round the World Race« gut überstanden. Der englische Solarvent wurde für Campmobile und Gewächshäuser konstruiert. Sein Plastikgehäuse macht einen guten Eindruck, aber ein Edelstahlgehäuse hält länger. Der englische Lüfter kostet ca. 220 Mark, für den amerikanische Nicro-Vent müssen 340 Mark angelegt werden. Hamburger Spezialausrüster verkaufen beide Typen.

Der große Vorteil solcher bordnetzunabhängiger Solarlüfter zeigt sich in den Wintermonaten, in denen die meisten Jachten unbeaufsichtigt am Steg liegen. Die Vorderkajüte ist vollgestopft mit Segeln und Leinen, eventuell auch der Rettungsinsel und dem zusammengerollten Schlauchboot. Da steckt überall salzhaltige Feuchtigkeit drin.

Der Solarlüfter hat bei uns für eine spürbare »Klimaverbesserung« auch bei bedecktem Himmel gesorgt. Bei einem neuen Schiff würde ich mir gleich vier Solarlüfter einbauen lassen, damit jede Kajüte doppelt durchlüftet wird.

In Kanada schrauben viele Segler überdimensionale Windhutzen auf ihre Doradelüfter. Dadurch leidet das Aussehen der Jacht, aber wen stört das, wenn das Boot allein im Hafen liegt. Bei amerikanischen Langzeitseglern sind runde Küchenventilatoren am Ankerplatz sehr beliebt. Turbinen-Ventilatoren drehen sich beim geringsten Luftzug und sind wasserdicht. Hier kann man diese interessanten Ventilatoren nur in Holland kaufen. Dort werden sie viel auf Hausbooten und Flußdampfern eingesetzt.

Nicht schlecht sind leicht geöffnete Oberlichter, über denen das Beiboot verzurrt wird. Ohne eine permanente bordnetzunabhängige Lüftung wird jedes Boot früher oder später vergammeln. Wer sich darüber beizeiten Gedanken macht, spart eine Menge Geld und freut sich über sein »gesundes« Boot.

DIE HEIZUNG: KALTE FÜSSE, HEISSER KOPF

»Eine gute Heizung erhöht die Moral der Mannschaft bei schlechtem Wetter«, sprach mein finnischer Freund Rauno Aaltonen und empfahl mir eine Wallas-Marin-Petroleum-Heizung für unser erstes Kajütboot. Seitdem sind zehn Jahre vergangen, vier Winter haben wir auf drei verschiedenen Seekreuzern verbracht, Rauno's Ratschlag gilt noch immer, aber ein finnischer Winter unterscheidet sich doch ganz erheblich von einem Winter am sonnigen Mittelmeer.

Drei Heizungs-Systeme auf Petroleum-Basis haben wir einige Monate lang getestet. Üble Flüche und helle Begeisterung halten sich die Waage.

Die Wallas-Marin-Petroleum-Heizung arbeitet mit verdampftem Petroleum, das mit Batteriestrom elektrisch gezündet wird. Die Heißluft wird mit einem Gebläse in die Kajüte geleitet. Sauberes Petroleum vorausgesetzt, arbeitet die Wallas-Marin-Heizung, die es in mehreren Leistungsklassen bis ca. 3 500 Watt Leistung gibt, einwandfrei. Der Nachteil liegt am Batterie-Stromverbrauch. In Skandinavien ist fast jedes Kajütsegelboot mit der Wallas-Marin- oder einer Volvo-Penta-Petroleum/Dieselheizung

119

ausgerüstet. Für die Übergangszeit ist diese Heizung sicher empfehlenswert.

Unsere zweite Heizung war eine englische Taylor-Petroleumheizung. Sie arbeitet mit Optimus-Brennern und kann zur Warmwasserheizung ausgebaut werden. Der Kamin geht durch das Kajütdach und arbeitet auch bei sehr viel Wind noch zufriedenstellend.

Wir entschieden uns bei unserer jetzigen Larantuka für diese Heizung, weil sie keinen Batteriestrom braucht, Ersatzteile überall beschafft werden können und die ganze Mechanik einfacher ist, als bei der raffinierten Wallas-Marin-Heizung.

Seit fünf Jahren arbeitet diese problemlose Taylor-Heizung ohne viel Ärger. Gelegentlicher Düsenwechsel und regelmäßiges Nachpumpen des zu kleinen Druckzylinders stören mich. Die Heizleistung entspricht allerdings kaum den Prospektangaben. 2.500 Watt Leistung erreicht diese Anlage bei mir auch unter optimalen Betriebsbedingungen auf keinen Fall. Ich würde die Leistung mit 1.500 Watt ansetzen. Das ist eindeutig zu wenig, wenn draußen zwei Grad Minus herrschen und sechs Windstärken über Deck blasen.

Unsere Taylor Petroleumheizung. Funktionssichere Konstruktion, aber nur als Übergangsheizung am Mittelmeer verwendbar

Für kleinere Boote bis ca. zehn Meter Länge bei 3 Meter Breite und nur einer zu beheizenden Kajüte mag die Taylor-Heizung befriedigen. Für ein gut 12 Meter langes und 3,50 Meter breites Boot reicht die Leistung einfach nicht aus.

Vergleiche fand ich mit einem 2.000 Watt starken elektrischen Heizlüfter. Der Unterschied war überwältigend. Damit wäre ich zufrieden gewesen, wenn nicht meine Stegnachbarn George, die nette Beatrice und der schrullige Charles in Estepona die gleiche gute Heizquelle entdeckt hätten. Das hält die stärkste Sicherung nicht aus.

Hafenmeister Guiseppo reagierte spontan: No electricity for heaters! Wir saßen in der Kälte. Das ist das Dilemma. An sich sind Elektroheizungen ganz ideal als Zusatzheizung ohne großen Installationsaufwand. Stecker rein, Heizung an. In französischen Häfen werden deshalb jetzt Stromzähler eingebaut. Je Kilowattstunde muß 1,50 Mark bezahlt werden. Dafür halten dann die Stegsicherungen.

Besser als jede noch so moderne Heizung ist immer noch ein kleiner Kohleofen, wie man sie auf kanadischen oder dänischen Fischkuttern findet. Solch eine natürliche Heizung entlüftet das Schiff so gut, daß Feuchtigkeit und klammes Bettzeug fast unmöglich sind.

Beim 16 Meter-Kutter von Erno war der Austrockungs- und Lüftungseffekt fast schon zu groß. Sein hölzerner Ostseekutter leckte am Kaminbereich immer stärker, je härter der Winter wurde. Schließlich mußte Erno jeden Tag ein paar Liter Seewasser über sein Teakdeck schütten, damit das Holz nicht völlig austrocknete. Wer den Platz für einen kleinen Kohleofen hat, sollte den etwas größeren Schmutz an Bord ignorieren und sich einen solchen Bully einbauen. Gerade im modernen Amerika werden die schönsten kleinen Schiffsöfen zu Tausenden an Segler verkauft. Dort leben fast eine Million Segler das ganze Jahr über auf dem Boot. Es gibt nichts Besseres für richtig harte Winter.

Auf Charterjachten und Motorkreuzern gehören Eberspächer- und Webasto-Dieselheizungen zur Standardausrüstung. Technisch voll ausgereift, gibt es nur ein Problem: der hohe Stromverbrauch. Wenn es immer ein bißchen nach Diesel riecht, liegt das Problem an der Heizungs-Auspuffanlage. Bei Fahrtwind ist alles o.k., da streichen die Auspuffgase nach hinten ab. Im Hafen kann der Auspuffdampf auch mal in die Kajüte ziehen. Das ist dann weniger angenehm. Ein sehr gutes Heizungssystem liefert Volvo Penta. Hier wird wahlweise über eine Heizspirale oder die Motorwärme mittels Kühlwasser Frischwasser erwärmt und über kompakte Heißwasser-Konverter in beliebig viele Räume verteilt. Ein richtiges

Zentralheizungssystem. Die Anlage ist fast narrensicher. Offene Flammen gibt es nicht. Der Batteriestromverbrauch für die kleine Umwälzpumpe ist sehr gering. Läßt man den Motor eine halbe Stunde pro Tag warmlaufen, ist das Heizungswasser-Reservoir für die nächsten sechs Stunden genügend aufgewärmt. Für einen längeren Hafenaufenthalt braucht man dennoch Landstrom, damit die elektrische Heizspirale das Heizungswasser auf der thermostatisch eingestellten Temperatur hält. Der Stromverbrauch ist mit den herkömmlichen, äußerst unwirtschaftlich arbeitenden Heizlüftern nicht zu vergleichen. Gegen solche Heizungen hat kein Hafenmeister etwas einzuwenden.

Der große Installationsaufwand stört mich an diesem System. Zu leicht kann damit der Kühlkreislauf am Motor undicht werden. Mein eigener, nicht von Volvo gefertigter Warmwasser-Behälter war nach drei Jahren Mittelmeerklima an den Anschlüssen durchkorrodiert.

Für welche Heizung man sich letztlich entscheidet, ist vom Einbau an Bord und vom Geldbeutel abhängig. Bobby Schenk hat mit einem 200 Mark preiswerten Petroleumofen um Kap Hoorn gute Erfahrungen gemacht. Kollege Schuldt segelte über Island aus der Karibik nach Europa zurück und bediente sich einiger umgedrehter Blumentöpfe, die er über die Brenner seines Petroleum-Kochers stellte.

Eine gute Durchlüftung ist bei jedem System nötig. Ein kleiner Autolüfter sorgt bei mir für eine sehr gute Umwälzung der erwärmten Raumluft in der Kajüte. Oben an der Decke angeschraubt, wird die wärmste Luft nach unten an die kalten Füße weitergeleitet. Ein spürbarer Unterschied.

Während der Fahrt gibt es bei mir keine Bordheizung. Ein dicker Faserpelzanzug von Helly Hansen hält uns mit einem gefütterten Thermoanzug warm. Vor Anker oder im Hafen möchte ich auf eine gemütliche Heizung allerdings nicht mehr verzichten.

EISWÜRFEL VERSCHÖNEN DAS LEBEN

Elf Jahre lang segelten wir ohne Kühlschrank, dann hatten wir unser Schlüsselerlebnis. Ich wurde auf die amerikanische Rennjacht RAGTIME zu einem Drink eingeladen. Ein kaltes Bier auf einer erfolgreichen Rennjacht, wo um jedes Gramm Gewicht gefeilscht wird? Skipper Mark

Formschöne Langkielstahljacht eines Langzeitseglers. Der selbstgenähte Windsack sorgt für eine effektive Duchlüftung. Auf dem Ankerplatz dreht sich die Jacht automatisch in die richtige Windsack-Richtung

Connely: »Der Eisblock kühlt seit dreihundert Meilen unser Bier, gewonnen haben wir trotzdem.« In Amerika ist wohl jede Motor- oder Segeljacht mit einer Kühlbox ausgestattet. Dort steht auch an jeder Tankstelle ein Eiswürfelautomat: Ein 10 kg Sack Eis kostet einen Dollar. Vor vier Jahren waren es noch 25 Cent. Jeder Supermarkt führt Eisbeutel, womit die einfache Eisbox ohne eigene Stromversorgung in Amerika immer noch die populärste Kühlform ist.

Bei uns gibt es in jedem Fischerhafen am Mittelmeer massenhaft Eis, das gegen Pfennige und ein paar gute Worte bezogen werden kann. Die Abhängigkeit liegt an einer wirklich guten Isolierung der Eisbox. Das gilt für alle Kühlsysteme. Erster Versuch auf unserem letzten Boot. In einer 40x30x40 cm großen, selbstgebauten Eisbox mit fünf Zentimeter dickem Styropor hielt bei uns Stangeneis nur zwei Tage kühl. Dann war Butter wieder ölig, die Wurst auf dem Brot schmeckte nicht mehr so gut und die Kinder beklagten sich über die saure Milch. Also Neubau einer Kühlbox. Diesmal mit farbigem Polyurethan-Schaum-Platten.

Zehn Zentimeter dick beklebte ich die Wände, der Boden bekam noch eine Extraschicht von 15 Zentimeter Isolation spendiert. Jubel an Bord, sieben Tage lang hielt die Kühlwirkung an. Der Unterschied zwischen einem massiven Eisbrocken und zerhacktem Eis war frappierend. Gehacktes Eis hielt nur fünf Tage frisch.

Wozu eine hervorragend gebaute Eisbox fähig ist, demonstrierte mir David Campbell auf den American Virgin Islands. Seine Kühlbox ist mit 25 Zentimeter dicken Polyurethanplatten gebaut. Darüber laminierte David vier Lagen glasfaserverstärktes Polyesterharz. Die kleine, 20x20 Zentimeter große obenliegende Öffnung läßt gerade einen schnellen Griff zur Bierdose zu. Die 30x40 Zentimeter große Hauptöffnung dient nur zum Befüllen mit frischen Eis. David's Eisbox hält tiefgefrorenes Stangeneis 18 Tage lang! Abends läßt David über einen Ablaßhahn das geschmolzene Eiswasser ab. Bier und Lebensmittel sind auf Plastikborde gelagert.

David fängt das Eiswasser in einem fest montierten Behälter auf, weil Eiswasser mit Bilgewasser versetzt widerlich stinkt. Eine gute Idee. Kühlboxen werden von vielen Werften serienmäßig eingebaut. Meine jetzige Kühlbox ist einen dreiviertel Kubikmeter groß. Darin lagere ich Spirituosen im großen Abteil, das kleinere Fach ist für Lebensmittel reserviert. Das acht Zentimeter dicke Isoliermaterial erschien mir viel zu gering. Der 50 PS starke Perkins Dieselmotor strahlt schon nach einer Stunde Fahrt viel Wärme aus. Dadurch wurde die danebenliegende Eisbox unnötig aufgewärmt. Mit Polyurethan-Isolierschaum füllte ich die Zwischenräume von Motorabdeckung und Kühlbox aus. Die drei anderen verdeckten Seiten wurden mit sechs Zentimeter dicken Poly-Schaumplat-

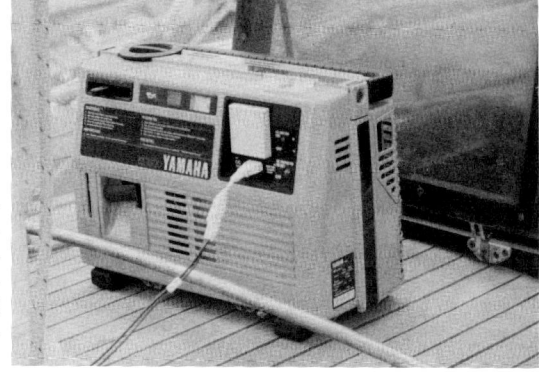

Der schmale, sehr laufruhige Yamaha E 600 Viertakt Stromgenerator genügt für alle Heimwerkermaschinen, die an Bord die Wartungsarbeiten erleichtern

124

ten mit Epoxidharz aufgeklebt und mit 180 Gramm Glasfasermatten zwei Mal überlaminiert. Die Kühlwirkung war damit verbessert, aber so richtig zufrieden waren nur die Eisverkäufer. Jeden dritten Tag mußten wir Eis einkaufen. Nach weiteren zwei Jahren hatte ich die Nase gestrichen voll. »Entweder gar kein Eis oder eine richtige Eismaschine, alles andere ist Murks,« versuchte ich Uschi zum Kauf eines Eiskompressors zu überreden. »Kaltes Bier kannst Du auch in der Kneipe trinken, nur fürs Frühstück willst Du eine Eismaschine kaufen, Du hast sie ja wohl nicht mehr alle beisammen.« Waffenstillstand mangels guter Argumente meinerseits. Ein paar Monate später fällt mir eine guterhaltene kleine Engel-Schwingkompressor-Box in die Hände. »Ich kann die auch für meine teuren Filme gebrauchen, die Butter kannst Du ja mit reinstellen.« Wenns ums Geschäftliche geht, hat Uschi Nachsehen mit mir: »Meinetwegen kaufst Du die Box, aber warum brauchen Deine Filme plötzlich eine Kühlbox, wenn es auch 15 Jahre ohne sie ging?« So ist das eben mit der Gemütlichkeit. Wer einmal ein kaltes Bier an Bord genossen hat, will dabei bleiben, und wenn der Bordsegen noch so schief hängt.

Die kleine Schwingkompressor-Eisbox war ein tolles Gerät. Nach drei Stunden Probebetrieb zu Hause zeigte das Thermometer 18 Grad Minus an. Einbau im Schiff. Fünf Stunden läuft der Kompressor, schluckt Batteriestrom wie kein anderes Gerät an Bord, und das Thermometer zeigt nur 3 Grad Minus an. Nach zwanzig Stunden Dauerlauf war die zweite Haushaltsbatterie mit 108 Ampère total entladen. Fazit: Die kleine Schwingkompressor-Kühlbox darf nur bei Motorfahrt und gleichzeitiger Batterieladung benutzt werden. Zwischen Grenada und St. Vincent kam das Ende. Ein tüchtiger Schwall Seewasser ließ die Mechanik kollabieren. »Siehst Du, so ist das mit den technischen Spielereien«, meinte Sohn Michael trocken.

Ein Jahr später sehe ich auf der Düsseldorfer Bootsmesse die Lösung meines Problems. Elektrokompressor plus Kältespeicherplatte. Preis 1.400 Mark, Stromverbrauch durchschnittlich 1 Ampère, das konnte meine jetzt auf 240 Ampère gewachsene Batteriebank leicht verkraften. Das Resümée: Gerät gekauft, zwei Tage Ärger zu Hause, heute ein zufriedener Kühlschrankbenutzer – allen düsteren Vorhersagen zum Trotz.

ALLE KÜHLBOXSYSTEME AUF EINEN BLICK

Frischeisblöcke

Vorteil: Unkompliziert, frei von jeder Mechanik
Nachteil: Verursacht laufende Kosten, Kühlwirkung hängt entscheidend von der Isolierung ab, Versorgungsprobleme in einsamen Gegenden, Eiswasser-Bildung in der Kühlbox.

Absorberkühlschrank
Vorteil: Wahlweise Batterie-, Landstrom und Gasbetrieb. Geräuschlos, Preiswert (ca. 350 Mark). Große Stückzahlen durch Wohnwagenbedarf.
Nachteil: System arbeitet nur im waagrechten Zustand, Stromverbrauch ca. 5 Ampère je Stunde. Keine Tiefkühl-Wirkung.

Schwingkompressor-Systeme
Vorteil: Wahlweise Batterie- oder Landanschluß. Lageunempfindlicher Betrieb. Hohe Kühlleistung bis ca. 18 Grad Minus. Als Einbaumodul, Box oder Schrank lieferbar.
Nachteil: Hoher Stromverbrauch (um 5 Ampère), Geräuschentwicklung (ca. 54 db).

DC-Kompressor mit Energiespeicher
Vorteil: Durch Energie/Kältespeicher wesentlich geringere Einschaltquoten und damit verminderter Batteriestrom-Bedarf. Getrennter Einbau von Kompressor und Energiespeicher. Hohe Kühlleistung bei ca. 1 Ampère/Stunde. Durchschnitts-Batterieverbrauch über 24 Stunden. Lagerunempfindlicher Betrieb.
Nachteil: Braucht Batteriestrom, keine Tiefkühlwirkung, System kostet zwischen 1.300 und 1.700 Mark. Geräuschentwicklung (ca. 52 db). Einbaumaße größer als bei Schwingkompressor-Modul.

Peltier-Kühlsysteme
Vorteil: Boxen kosten nur 200 bis 300 Mark. Keine Mechanik.
Nachteil: Temperaturdifferenz nur ca. 25 Grad. Deshalb, trotz hohem Stromverbrauch (ca. 2 Amp.), geringe Kühlwirkung bei Mittelmeer-Temperaturen. Boxgrößen reichen für Schiffsbedarf nicht aus.

Kompressor direkt an Hauptmaschine
Vorteil: Größte Kühlleistung aller Systeme, da Tiefkühlung durch äußerst leistungsstarken Kompressor, der am Hauptdiesel angeschlossen wird. Tägliche Laufzeit bei sehr guter Isolierung unter einer Stunde – Lageunempfindlich.
Nachteil: Ca. 3.800 bis 5.000 Mark teures System. Einbau kann im Motorraum Schwierigkeiten bereiten. Zum Betrieb ist Anlassen der Hauptmaschine erforderlich. Geräuschentwicklung. Kühlsystem erfordert Service durch Spezialisten.

Für welches System man sich letztlich entscheidet, hängt doch sehr vom Stand der Bordkasse ab.

Beim Charterbetrieb hat sich das Frigoboat-System mit einem Kompressor direkt an der Hauptmaschine durchgesetzt. Auf amerikanischen Jachten werden heute sogar zwei Systeme eingebaut. Die Tiefkühlbox mit Kompressor an der Hauptmaschine, der normale Kühlschrank über einen Batterie-DC-Kompressor mit oder ohne Speicherplatte.

David Campell hat jetzt seine 25 cm dick isolierte Eisbox mit einem Adler-Barbour-DC-Kompressor ausgestattet. Die Eisschlepperei ist ihm doch zu lästig geworden. Neulich schrieb er mir: »Die Cold-Maschine läuft bei vorgekühlten Dosen nur zwei Stunden am Tag. Wie Du ja mein Schiff kennst, haben wir keine Maschine eingebaut. Den ganzen Strom liefern meine Solarzellen auf dem Kajütdach. Nach sechs Monaten kann ich Dir sagen: Die Sache hat sich gelohnt.«

In wenigen Jahren dürften neue, voll elektronisch gesteuerte Kühlaggregate, nur noch Bruchteile der bisherigen Stromkapazität benötigen.

BATTERIEN –
DAS WUNDER LÄSST AUF SICH WARTEN

Presseempfang beim großen Elektrokonzern. Vorstellung einer völlig neuen Batterie, »der entscheidende Durchbruch ist gelungen«, verkündigt der smarte Pressesprecher, und einige Herren aus der Techniketage erröten leicht.

Für mich als Redakteur bei einer großen Fachzeitschrift waren solche Pressetermine Alltagsgeschäft. Der Chefredakteur wollte einen positiven Bericht im Blatt sehen, denn die Anzeigenabteilung winkte mit ganzseitigen farbigen Anzeigen. Das schon klassische Gegengeschäft, bei dem die Kundschaft geködert werden soll, war wieder einmal stärker, als eine unabhängige Berichterstattung.

Batterietest-Aktionen enden bei einer wirklich unabhängigen Berichterstattung leicht vor dem Kadi. Labor-Testbedingungen unterscheiden sich nämlich gravierend von den Alltagsbedingungen auf einer Jacht. Hundertprozentig optimale Voraussetzungen bietet nur das »chemisch reine«

Labor. Bei salzgeschwängerter Seeluft, 30 Grad auf dem Thermometer und ständigen Schüttelbewegungen verhält sich jede Batterie anders, sprich weniger leistungsfähig, als bei kontrollierten Laborbedingungen. Nehmen Sie 30 Prozent schlechtere Werte an, dann werden Sie von Ihrer neuen Wunderbatterie nicht enttäuscht sein.

Sehen wir uns einmal die neuen Batterietypen genauer an. Zur Pressekonferenz bekamen wir Journalisten natürlich eine Testbatterie für den Eigengebrauch verehrt, deshalb sind meine eigenen Erfahrungen wohl subjektiv, dafür aber ehrliche Testergebnisse unter Fahrtensegler-Bedingungen.

Die bis zu 180 Grad kippsicheren Bootsbatterien baute ich nach Anweisung neben die normale Starterbatterie ein. Kippsichere Batterien sind als Starterbatterie nicht geeignet. Ihr Vorteil soll in der hohen und konstanten Leistungsabgabe liegen. Die Selbstentladung soll erheblich geringer als bei normalen Starterbatterien sein. Der Wasserverbrauch soll niedriger als bei normalen Blei-Starterbatterien sein. Kurzum, die optimale Langzeitbatterie fürs Segelboot. »Ideal für den Batteriebetrieb von Navigationsgeräten: Funk, Licht, Autopiloten etc.«, verhieß der Prospekt. Testergebnis: Lebensdauer nur zwei Jahre. Batterie-Oberteil nach oben deformiert.

Anruf bei der Presseabteilung im Elektrokonzern: »Ja, das mußte ja so kommen. Unsere kippsicheren Langzeitbatterien dürfen Sie nie mit normalen Starterbatterien zusammen aufladen. Dieser neue Batterietyp ist für herkömmliche Drehstromlichtmaschinen nicht geeignet, da muß mit Spezialladern ganz behutsam aufgeladen werden.«

So ist es mit der Wundertechnik. Was taugt für Langzeit-Fahrtensegler eine Batterie, die nur mit Spezialladegeräten geladen werden darf? Sind unsere leistungsfähigen Drehstromlichtmaschinen jetzt Schrott?

Meine Erlebnisse mit kippsicheren Bootsbatterien waren kein Einzelfall. Jetzt, nach rund sechsjähriger Produktionsdauer, wird damit kaum mehr geworben. Dafür gibt es nun die völlig wartungsfreien, hermetisch dichten »schwarzen« Starterbatterien von amerikanischen und europäischen Herstellern. Sind diese Batterien nicht ideal für den Bordbetrieb? Endlich Schluß mit Nachfüllen von destilliertem Wasser? Volle Leistung auch bei bordüblichen Schräglagen? Keine Probleme mit den starken Drehstromlichtmaschinen? Geringe Selbstentladung bei langen Standzeiten und hohe Zyklonfestigkeit?

Eineinhalb Jahre lang verrichtet meine neue amerikanische Freedom-Batterie von AC-Delo an Bord gute Dienste. Meßbare Leistungsunterschiede zu den herkömmlichen Starterbatterien konnte ich nicht feststellen. Bisher sind diese geschlossenen Batterietypen einfach noch zu neu auf dem Markt. Eine echte Langzeiterprobung beginnt erst nach drei Jahren.

Ein Batteriefachmann von Bosch gab mir seinen persönlichen Kommentar zu den neuen »schwarzen« Batterien: »Innen sind das ganz normale Bleibatterien, nur die Säurekammern sind anders gestaltet. Das »verdunstete« Säure/Wassergemisch fließt über Kanäle zurück in die Kammern. Dadurch wird der Säure/Wasserverlust weitgehend vermieden. Die Batterie lebt wegen der sonst üblichen schlechten Wartungsbedingungen länger. Die Batterie sorgt sich selbst um ihren richtigen Wasserhaushalt, das ist das ganze Geheimnis dieser neuen Batterien.«

In Amerika werden die kleinen Vierzylinder-Kompaktwagen heute schon fast ausschließlich mit den hermetisch dichten Batterien ausgerüstet. General Motors, als Eigner von AC-Delco, hat natürlich ein legitimes Interesse daran, daß die neuen Batterien auch beachtet werden. Bei großvolumigen V8- und Dieselmotoren baut aber auch General Motors noch herkömmliche Starterbatterien ein. Argument: »Hohe Stückzahlen erreichen wir nur bei den kleinen Batterietypen, deshalb werden Dieselmotoren noch mit den alten Bleibatterien gestartet.«

Daimler Benz sieht bisher keine Veranlassung, bei Dieselfahrzeugen wartungsfreie Batterien einzubauen. Im Gegenteil: »Die besten Batterien sind sogenannte Taxibatterien. Die Platten sind dort verstärkt. Dadurch halten sie zwei Jahre länger unter Taxibedingungen, und das sind die Schwierigsten überhaupt.« Solche »Taxibatterien« kosten bei gleicher Ampère-Leistung etwa 25 Prozent Aufschlag, aber sie sind ihr Geld tatsächlich wert. Sechs Jahre alt ist meine Starterbatterie bis jetzt. Über 15.000 Seemeilen hat sie auf dem Buckel und startet unseren 50 PS-Perkins immer noch einwandfrei. Mehr kann ich von einer guten Schiffsbatterie nicht erwarten.

Bei einem gebrauchten Boot würde ich mir neuwertige Batterien von der Autoverwertung erstehen. Der Unfallwagen dürfte maximal ein Jahr alt sein. Keine Batterie aus einem frontalen Totalschaden kaufen, da hat die Batterie vielleicht doch etwas abbekommen. Für das Geld einer neuen Batterie würde ich mir drei Gebrauchte kaufen. Die dreifache Batteriekapazität gleicht die etwas geringere Lebensdauer leicht aus.

Günstige Einkaufsquellen sind auch befreundete Wohnmobil-Ausbauer, landwirtschaftliche Genossenschaften oder Speditionsbetriebe, die für ihre Lastwagen Batterien en gros einkaufen. Eine 50-prozentige Einsparung gegenüber dem normalen Ladengeschäft ist üblich.

Fragen Sie mal einen Berufsschiffer nach seinen Batterien. Auf mittelgroßen Fischkuttern (bis 250 PS) werden nur Lastwagenbatterien eingebaut. Selbst bei der Bundesmarine werden überwiegend ganz gewöhnliche Bleibatterien eingebaut. Dort wird mit Sicherheit nicht am falschen Ende gespart. Wie groß Ihre Batteriekapazität sein muß, hängt von der Schiffsgröße und Ihren Bedürfnissen ab. Zu viele Batterien haben noch nie geschadet, wohl aber zu wenige.

Fahrtensegler waren diesbezüglich vor 1960 ganz anspruchslos. Der kleine Diesel konnte zur Not auch mit der Handkurbel gestartet werden. Heute gibt es nur noch wenige Einbaumaschinen, die einen Handstart von den Räumlichkeiten her zulassen. Das zeigt die ganze Schizophrenie, mit der heute Sicherheit verkauft wird. Da hat der Flautenschieber die erforderliche Dekompressionseinrichtung, aber die Handkurbel kann nicht mehr bedient werden, weil der Motorkasten stört. Der Segler ist von einer gut geladenen Starterbatterie abhängig geworden. Vergessen Sie alle pneumatischen, hydraulischen oder Federantriebs-Startsysteme. Sie sind erheblich teurer als herkömmliche Elektrostarter. Für das gleiche Geld können Sie eine Drehstromlichtmaschine und einen Starter als Ersatzteil mitführen. Als Fahrtensegler können Sie mehr Zeit für die Pflege Ihrer Batterien aufwenden als ein Wochenendsegler. Davon mehr im nächsten Kapitel.

SOLARZELLEN, WIND– UND WASSERGENERATOREN

An der meist kühlen Ostsee findet der Fahrtensegler an jeder Steganlage eine Steckdose. Damit wird das Batterieladen leicht gemacht. Am Mittelmeer sind die Bedingungen ganz anders.
Am besten eignen sich Batterieladegeräte mit WAE oder WU Kennlinie. Der Ladestrom richtet sich bei diesen etwa 1.000 Mark teuren Geräten nach dem jeweiligen Zustand der Batterie. Sie laden die Batterie schonend auf. Preiswerte »Kaufhaus« Ladegeräte pumpen ungeregelten Ladestrom in die Batterie. Dadurch wird eine nur halbentladene Batterie zu rasch aufgeladen. Die Batteriesäure fängt zu »kochen« an. Schnelladen ist ungesund für normale Batterien und tödlich für hermetisch dichte Batteriesysteme. Wie lange ihre Batterie lebt, hängt entscheidend von der Lademethode ab.

Ampair 100 Windgenerator (links), gebräuchlichster Typ auf Fahrtenjachten. Auf windigen Ankerplätzen in der Karibik ideal. – Selbstgebauter Generator (daneben). – Alternativ dazu arbeitet das Solarpaneel ohne Geräusch und Mechanik

131

Bei Mittelmeerbedingungen wird eine sorgfältig gewartete Starterbatterie mindestens drei Jahre funktionieren. Bei optimalen Einbaubedingungen sind fünf bis sechs Jahre möglich. Im Auto lebt eine Batterie fast immer sechs Jahre, weil sie täglich benutzt wird. Batterien mögen das tägliche Wechselspiel zwischen Leistung abgeben und Leistung aufnehmen. Auf dem Segelschiff wird die Batterie schamlos als Energiespeicher benutzt, ohne daß regelmäßig nachgeladen wird. Erst wenn der Ampèremeter unter 10.5 Volt absinkt, lassen die meisten Segler die Maschine für eine halbe Stunde laufen.

Das ist einfach viel zu kurz. Batterien, gleich welchen Typs, können maximal 10 Prozent ihrer Kapazität stündlich aufnehmen. Der Regler an der Lichtmaschine läßt ja nur so viel Ladestrom durch, wie die Batterie gerade aufnehmen kann. An sich müßte also Ihr Motor etwa zehn Stunden laufen, bis die Batterie wieder ganz voll ist. Das kostet wertvollen Sprit. Vier alternative Ladesysteme bieten sich an. Jedes hat Vor- und Nachteile. Ich habe sie über einige Jahre ausprobiert:

Solarenergie
Kleine 0,5 Ampère-Solarcharger gibt es jetzt für 400 Mark von Arco-Solar (Dünnschicht-Solarzellen). Als einzige Batterieladequelle sind Solar-Zellen ohne störende Umbauten mit entsprechender Diebstahlgefahr nicht geeignet. Als ständiger zusätzlicher Batteriestrom-Lieferant sind auch kleine Solaranlagen für mein Boot ideal. Während der Ruhezeiten werden meine 360 Ampère-Batterien im vollem Zustand gehalten. Oft liegt das Boot vier Monate ohne herkömmliche Batterieladung am Liegeplatz. Die neuen Solartypen arbeiten auch bei bedecktem Himmel. Selbst unter dem Sonnensegel liefert mein Acro-Solar-Charger noch 18 Watt Strom.

Windenergie-Lader
Windgeneratoren sind an exotischen Ankerplätzen weitverbreitet. Vorteil der Windgeneratoren: 2-4 Ampère Strom bei normalen Passatwindverhältnissen (3-5 Beaufort), Schiff und Generator drehen sich am Anker nach der bestmöglichen Windrichtung. Mein Ampair 50 Windgenerator lief vier Jahre lang im Mittelmeer und in der Karibik zu meiner vollen Zufriedenheit. Jetzt gibt es leistungsstarke Ampair 100-Generatoren sowie Eigenbauten von Kleinbetrieben. Auf einer Ketsch gibt es kein Anbauproblem mit dem Windgenerator. Auf einer Slup ist die Halterung am Heckkorb oder vor Anker vorn am Bugkorb keine seemännisch einwandfreie Lösung.

Ich montiere meinen Ampair 50 auf einer vormontierten Halterung am Besan-Mast, wenn ich vor Anker liege. Der Ladestrom reicht bei Passatwind für meine elektrische Kühlbox!

Benzin-Stromgenerator
Mein Yamaha E600 ist ein problemlos arbeitender, knapp 500 Watt leistender Viertakt Stromgenerator. Die Leistung reicht für alle üblichen Handwerker-Maschinen. An Bord werden damit die 2-Gang-Bohrmaschine, Bandschleifer, Schwingschleifer und Stichsäge, sowie der kompakte Hitachi-Staubsauger betrieben. Wöchentliche Laufzeit unter einer Stunde. Als Batterieladegerät leistet er nur 10 Ampère. Das ist wenig im Vergleich zum ähnlich kompakten Honda 300/400 und dem Mase 500 und Kawasaki 500, die mindestens 15 Ampère Batterieladestrom liefern. Auf anderen Jachten hat mir mein kleiner Stromgenerator schon zu einigen Flaschen Wein verholfen. »So einen schaff ich mir jetzt auch an«, war meist die Reaktion. Für den akuten Batterienotstand sind diese Stromgeneratoren auf Langfahrtschiffen Standard. Der Yamaha E 600 läßt sich durch seine glatte Form besonders gut verstauen. Benzinverbrauch 2 Liter auf vier Stunden Laufzeit. Ein zehn Meter langes Batterieladestromkabel habe ich mir selbst gemacht. Damit steht der kleine Krachmacher (52 db bei 7 Meter Abstand) beim Batterieladen möglichst weit weg von mir auf dem Vorschiff. Ein Personenkurzzeitschalter verhindert den Elektroschock bei nicht einwandfrei geerdeten 220 Volt-Maschinen. Zum Sterben langen 500 Watt auch aus dem kleinen, putzigen Stromgenerator.

Kombi-Werkstatt-Ladegerät
Verbessertes Batterieladegerät für 220 Volt. Der Ladestrom kann von 0,5 bis 20 Ampère mit einem Drehschalter geregelt werden. Ladestrom, Batteriezustand und Zellenspannung können mit dem Ampèremeter und einem Voltmeter laufend beobachtet werden. Eine zusätzliche Starthilfe von 50 Ampère dient als Notstarteinrichtung. Das Gerät der Firma Einhell kostet um 300 Mark. Ein Akku-Ladeüberwachungsgerät für 69 Mark kann zwischen Batterie und Ladegerät zwischengeschaltet werden. Damit wird eine Überladung vermieden. Das ganze System funktioniert einwandfrei bei Auto- und Motorradbatterien. Für das Schiff ist mir das Risiko von Kriechströmen und dadurch beschleunigter Elektrolyse zu groß. Solargeneratoren und Windanlagen sind im Dauerbetrieb ganz unproblematisch mit gleicher Wirkung – die Batterien bleiben über die Liegeplatzmonate aufgeladen.

Wartungsvorschrift für wartungsfreie Schiffsbatterien
Die holländische Firma Vetus Werft DEN ONDEN N.V. gibt folgende Bedingungsanleitung:

Das Laden

Ist die VETUS-Batterie entladen (Spannung niedriger als 10,7 Volt), dann nimmt sie beim Ladebeginn fast keinen Strom auf (nur ein paar Milli-Ampère). Dies verhindert ein Verziehen der Bleiplatten und ein »Kochen« der Flüssigkeit.
Nach einiger Zeit aber wird die VETUS-Batterie mehr und mehr Ladestrom aufnehmen. Abhängig von der Zeit, die die VETUS-Batterie entladen war, kann das Aufladen sogar manchmal 5 Tage dauern.
Das »Aufpäppeln« einer entladenen Batterie mittels Schnell-ladegerät gibt evtl. einen Sinn als »Schockeffekt«; ist aber eine schlechte Sache. (Und das nicht nur für VETUS-Batterien!) Beim Aufladen darf die VETUS-Batterie nicht wärmer werden als 52° C (125° F). Ein Schütteln der Batterie ab und zu vermindert die Ladezeit. Wenn das Prüf-Auge grün ist (siehe unter 1.), kann das Laden beendet und der Motor gestartet werden. Die Ladespannung darf nicht höher sein als 14,4 Volt! Das ist auch wichtig für die Lebensdauer der Batterie.

Schaltungen parallel oder in Serien

Beide Schaltungsarten dürfen mit VETUS-Batterien durchgeführt werden. Bei längerem Nichtgebrauch raten wir bei Parallelschaltung, die VETUS-Batterien abzuklemmen (z. B. mit einem VETUS-Batterieschalter). Es kann nämlich bei parallel geschalteten Batterien ein Kriechstrom (von einigen Milli-Ampèren) entstehen, der von einer zur anderen Batterie läuft.
Bei Parallel- und Serienschaltungen immer Batterien vom gleichen Typ und von gleicher Leistung (Ah) verwenden!

Das Messen der Spannung

Um die genauen Spannung der Batterie zu messen, soll das Voltmeter direkt und nicht über eine Diodenbrücke an die Batterie angeschlossen werden. Eine Diodenbrücke vermindert die Ladespannung um mindestens 0,7 Volt.

Ladespannung

Gelingt es Ihnen nicht, die Batterie ganz voll zu laden, dann ist die Ladespannung zu niedrig. Das kann u. a. verursacht werden, wenn eine Diodenbrücke zwischen geschaltet ist (Verlust minimal 0,7 V). Ein anderer Grund kann das schlechte Funktionieren der Lichtmaschine, des Spannungsreglers oder einer Diodenbrücke sein.

Entlüftung

Die VETUS-Batterie ist nicht ganz geschlossen. An der oberen Seite ist eine Entlüftung mit Flammenlöscher (Sicherheitsventil) angebracht.
Die VETUS-Batterie kann problemlos bis 45° Neigung stehen, ohne auszulaufen.

DAS RICHTIGE BEIBOOT

Eine weitverbreitete Ansicht unter Mittelmeerseglern: »Das billigste Plastikboot ist gerade richtig. Kauf Dir alle zwei Jahre ein Neues, das spart Zeit und Geld und eine Menge Ärger«.

Karl lebt seit gut sieben Jahren in der Marina von Estepona/Spanien, nur eine Tagestour von Gibraltar entfernt. Dahin ging auch seine erste und einzige »große« Segeltour. »Ich bleib im Hafen, da ist es gemütlicher«. Die Jacht als schwimmende Ferienwohnung? Warum nicht. Karl ist mit sich und der Welt zufrieden. Karl's Beiboot liegt ganz unten in der Backskiste. Vor drei Jahren wurde es aufgepumpt, nach ein paar Stunden war immer noch Luft drin, seitdem dösen Eigner und Plastikboot in südlicher Wärme vor sich hin.

Für uns ist das Beiboot ein richtiges kleines Schiff. Überspitzt ausgedrückt, habe ich ein geradezu persönliches Verhältnis zu meinem Dinghi. Jeden Tag wird das kleine, selbstgebaute GFK-Böotchen mit Schwamm und Lappen ausgeputzt. Die Scheuerleiste kontrolliere ich auf richtigen Sitz. Die Holzduchten aus Teakholz öle ich vier Mal im Jahr und die Belegleinen wechsle ich mindestens jedes Jahr einmal aus. »Der ,Isi' (mein Spitzname in der Redaktion) hat den totalen Beiboot-Tick, in fünf Jahren hat er sich drei Dinghis gekauft.« Wie recht sie haben, die Kollegen. Nur, welcher Segler hat keine kleinen Marotten? Ganz nüchtern betrachtet ist ein gutes Beiboot elementar wichtig beim Fahrtensegeln. Auf dem kostenlosen Ankerplatz wird es jeden Tag mehrmals benutzt. So als Transportmittel zum Einkaufen, als Taxi für Besucher, als Sportgerät zum Tauchen, für Erkundungsfahrten in Höhlen (die Balearen sind ein unbeschreiblich schönes Höhlenlabyrinth) und als Rettungsboot. Kinder, Fahrräder, klappbare Mopeds, Hunde, Katzen und zur Not auch sechs Personen können damit gefahren werden. Eine Menge Arbeit für ein knapp 2,60 Meter langes Boot. In der Karibik zog unsere LARANTUKA neun Monate lang das GFK-Beiboot über fast 2.000 Seemeilen an zwei starken Tampen hinterher. Ich weiß, das ist nicht seemännisch, aber ein gutes, starres GFK-Dinghi macht das auch 15.000 Seemeilen lang mit, wie Kathy Burke und ihr amerikanischer Lebensgefährte Bruce Bingham bewiesen haben. Beide sind Jachtkonstrukteure und leben seit acht Jahren auf ihrem Segelboot.

Bei schlechtem Wetter und größeren Seestrecken hebe ich unser Dinghi mit dem Großfall an Deck und verstaue es kopfüber zwischen Großmast und Besanmast auf dem Kajütdach. Da paßt es genau zwischen die vier Doradelüfter. Dafür benötige ich genau vier Minuten, wenn ich das Aufholen, Umdrehen und Verzurren allein machen muß. Mit Uschi an der Fallwinsch geht's um ein Drittel schneller. Kein Schlauchboot läßt sich schneller an Deck hieven. Wegen Platzmangel muß das Schlauchboot noch im Packsack verschwinden. Dazu braucht der Skipper etwa eine Viertelstunde Zeit.

Im Seenotfall ist ein GFK-Dinghi sofort einsatzfähig. Wie sieht es da mit einem zusammengepacktem Schlauchboot aus? Hektisches Auspacken, Luft auffüllen mit der Fußpumpe, Riemen einhängen, die nicht gesichert sind, ein Riesenchaos an Bord, wo jede Sekunde zählt.

In der Karibik mit ihren Korallenriffen und steinigen, oft auch von Treibholz dicht überlagerten Ufern, macht sich ein starres Beiboot jeden Tag bezahlt. Alle Charterfirmen lassen dort Feststoff-Dinghis von den großen 40-60 Fuß-Yachten hinterherziehen. Drei Meter hohe Atlantikwellen, die sich in den Passagen zwischen den Inseln aufbauen können, machen einem guten GFK-Dinghi auch bei sechs Windstärken nichts aus. Ein normales, gut konstruiertes Schlauchboot würde den rauhen Charterbetrieb nicht auf Dauer aushalten. Bei sechs Windstärken fliegt auch auf einem Mittelmeerankerplatz das Schlauchboot wie eine Frisbee-Scheibe durch die Luft, wenn es nicht mit zwei Wasserkanistern unter der Mittelducht beschwert wird.

Bei viel Wind und Seegang läßt sich ein gutes, kursstabiles GFK-Dinghi auch bei sieben Windstärken noch ganz gut rudern. Selbstverständlich nur mit geringer Beladung, aber jedes Schlauchboot ist bei über fünf echten Windstärken nicht mehr geradeaus zu bewegen. Ein Schlauchboot ohne Außenborder ist eine ganz gefährliche Sache, sofern Seegang und Wind gegenan stehen. Schuld daran haben auch die meist total unterdimensionierten Aluminiumpaddel mit ihren noch schwächeren Rudergabeln. Eine echte Zumutung sind diese Konstruktionen. Mehr als nur ein paar Mal habe ich völlig erschöpfte Segler mit meinem GFK-Dinghi zum eigenen Boot zurückgebracht. Je größer die Entfernung vom sicheren Ankerplatz bis zum Ufer ist, desto mehr lernt man ein gutes Beiboot schätzen. 200 bis 500 Meter Abstand bis zum Anlandeplatz sind in spanischen Gewässern normal. In der Karibik rudert man leicht doppelte Entfernungen. Da wird ein kleiner 2-5 PS-Außenborder unentbehrlich.

Dann kann man ja gleich ein Schlauchboot mit Außenborder kaufen, wenn es ohne Außenborder nicht geht. So argumentieren die Charterboot-Skipper im Mittelmeer. Der wahre Grund ist wesentlich simpler.

Chartergäste fallen mit einem Schlauchboot weniger häufig über Bord, als mit dem etwas kippeligeren GFK-Dinghi. Überladung verkraftet ein Schlauchboot besser als ein GFK-Boot. Schließlich wird die große Jacht vom kleinen Gummiboot nicht beschädigt, wenn der ungeübte Chartergast unsanft die Bordwand beim Anlegen rammt.

Wenig Ärger mit den Gästen, das zählt im Chartergeschäft. Der Kaufpreis eines neuen Schlauchboots ist nur so hoch, wie ein Gast für einen 14 Tage-Törn bezahlt: 1.500 Mark. Das ist der Grund, weshalb Charterboote am Mittelmeer fast immer ein Schlauchboot mitführen. Für uns Fahrtensegler sieht das Problem doch ganz anders aus. Wir haben nicht das Geld für laufend neue Beiboote, teure Reparaturen mit dem Außenborder kommen bei Charterjachten unter normale Wartungskosten, bei uns frißt eine Boots- und Außenborderüberholung ein tiefes Loch in die Bordkasse. Das muß einfach nicht sein. Ein GFK-Dinghi läßt sich mit Polyesterharz und Matten immer preiswert reparieren. Verstärkungen lassen sich leicht anlaminieren und kosten nur ein paar Mark. In 22 Seglerjahren habe ich maximal 200 Mark an Reparaturmaterial für meine diversen GFK-Dinghis ausgegeben. Es liegt an einem selber, wie hübsch und seetüchtig man sein Beiboot ausbaut.

Für mich ist das kleine Boot wie eine Visitenkarte. Der kanadische Chef einer großen amerikanischen Charterbasis in St. Lucia wollte mich auf der Stelle als Charterkapitän auf seiner 60-Fuß-Morgan anheuern, weil ihm mein Beiboot so gut gefiel.

Zöllner, Polizisten und Hafenkapitäne schauen sich die Beiboote der Fahrtensegler sehr genau an. »Beiboot gut – alles gut«, brachte es der Hafenkommandant von Levkas/Griechenland auf einen Nenner und gab mir den besten Liegeplatz in seinem romantischen Hafen. Meinen »Tick« mit dem Beiboot werde ich noch eine ganze Zeit pflegen.

Kriterien für ein gutes Dinghi:

Sicherheitsanforderungen: Unsinkbar, geschlossenporiger Schaum, schwimm- und ruderfähig für mindestens drei Mann. Außenbordertauglich.

Zwei Ruderpositionen für maximalen Vortrieb. 1. Position für eine und zwei Personen an Bord. 2. Ruderposition für maximale Beladung. Wasserdichter Stauraum für Signalraketen, Rauchpatrone, Ersatzgabel und Ruderdollen. Kleines Werkzeug für Außenborder-Zündkerzenwechsel, Vergaserreinigung, Geldbörse und Schiffspapiere.

Unser doppelwandiges, ausgeschäumtes GFK-Dinghi: wird gesegelt, motort oder gerudert. Platz für fünf Personen. – Kleines einwandiges Pramdinghi (darunter), Miniatur-Beiboot. Ein Schlauchboot ist kentersicherer, aber auch defektanfälliger

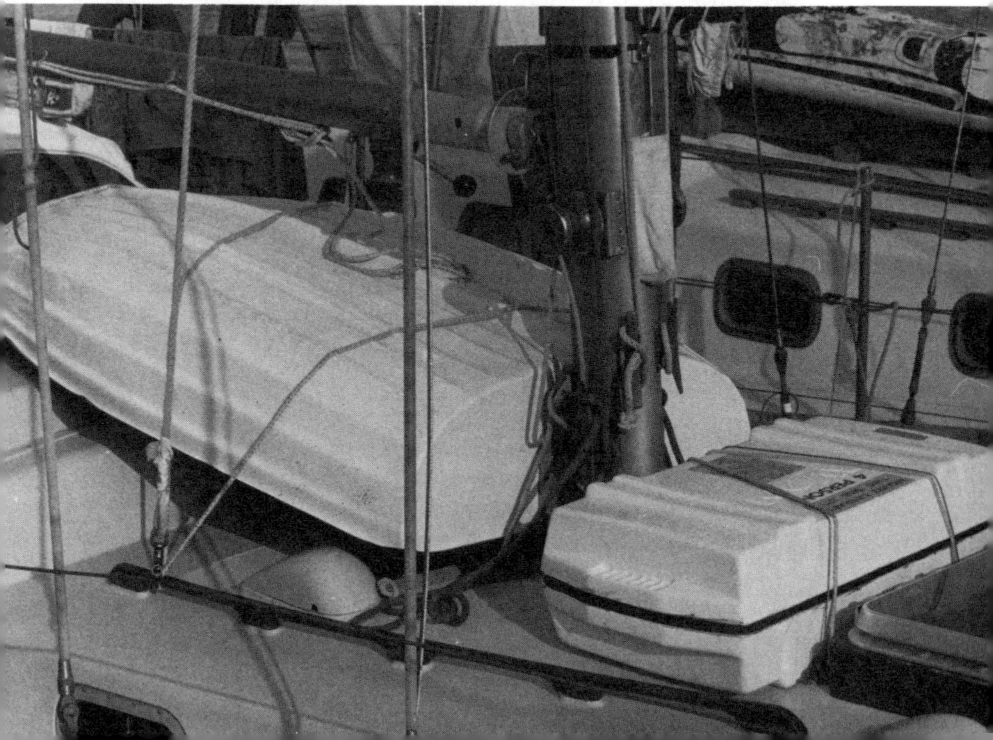

Nützliches Zubehör: 3 kg Klappanker, doppelte Belegleinen, fünf Meter langer, vier mm starken Edelstahldraht (Want von Jolle) mit stabilem Haltebeschlag zur Diebstahl-Sicherung, Edelstahlschloß. Niroblech-Schutz über Dollbord zum Ausbringen von Schiffsanker. Echolot.

Ein Echolot auf einem Dinghi das darf doch nicht wahr sein? Tatsächlich hat mir ein preiswertes Seafarer 4-Echolot schon sehr genutzt. In sehr engen Häfen kann ich mit dem Beiboot und eingeschaltetem Echolot auch in der Dunkelheit eine Hafenrunde fahren. Das Echolot zeigt mir, ob die Wassertiefe für meine Jacht ausreicht. Mit dem großen Boot wäre oft das Risiko in kleinsten Mittelmeerhäfen zu hoch. Das Handlot arbeitet viel zu langsam, um einen ganzen Hafen auszuloten. In der Zwischenzeit liegt meine Jacht vor der Hafeneinfahrt auf sicherer Wassertiefe in Warteposition. Das ganze Lotmanöver dauert nur ein paar Minuten.

In den letzten Monaten fuhr ich das Dinghi mit fest eingebautem Geber und eingebauter 9 Volt Batterie (Seafarer 4). Aus Japan kommen jetzt noch kleinere Echolot-Geräte auf den deutschen Markt, die den Geber und das Anzeigegerät in einem Gehäuse integriert haben. Das erscheint mir ideal. Die Hersteller von Echoloten liefern auch zwei Geber (Inducter). Damit kann das Anzeigegerät wahlweise in der Jacht und auf dem Beiboot benutzt werden. Gesamtkosten 350 Mark. Auf einem Schlauchboot kann nur das langsame Handlot benutzt werden.

Zusammenklappbare Kunststoffboote (Banana-Typ) und Aluboote sind in Amerika weit verbreitet. Es sind bewährte Dinghis. Die meisten Eigner sind davon begeistert. Mich stören beim Aluboot das Aussehen und die schwierigen Reparaturbedingungen. Wer kann schon richtig Alu schweißen? Das klappbare Banana-Boot ist praktisch, aber der Klappmechanismus behagt mir nicht. Man sieht, ein kompromislos gutes, fahrtentaugliches Beiboot ist eine Seltenheit. Deshalb bauen sich viele Langstreckensegler ihr Dinghi selbst – mich eingeschlossen. Gespart wird dabei gegenüber einem gebraucht gekauften Beiboot nichts. Der Spaß an der Sache wiegt die Mühe auf. Hat man Kinder an Bord, ist eine Segeleinrichtung optimal, um Freude am Segeln zu vermitteln. Fahrtensegeln macht auch deshalb so viel Spaß, weil das kleine Dinghi einem das Gefühl von guter Seemannschaft vermittelt.

LANDAUSFLUG: FAHRRÄDER, MOPEDS, ROLLSCHUHE

Ein abwechslungsreicher Landausflug erfreut auch Segler, die sonst am Schiff kleben. Die meisten Langzeit-Segler haben immer ein Transportmittel dabei. Klappräder sind am gebräuchlichsten, aber höherwertige Rennräder holen auf. Ein Rennrad kann mit Schnellspann-Naben fast auf die Größe eines Klapprades zerlegt werden.

Mein Klapprad ist eine Kombination aus einem robusten Rahmen und BMX-Kunststoffrädern. Sonst ist nichts mehr dran. Wo nichts dran ist, kann nichts klappern und kaputtgehen. Eingekauft wird mit dem Tagesrucksack. Zwei Fahrräder passen nicht auf unser Boot, das ist sein einziger echter Nachteil.

Zwei Bikerton Aluklappräder oder zwei Di Blasi-Klappräder könnten in der Backskiste verstaut werden. Gut siebenhundert Mark für ein solches Klapprad ist mir aber einfach zu teuer. Wer es sich leisten kann, fährt auf der Ebene gut damit. Mini-Motorräder sind im Süden äußerst beliebt. Vor Jahren kaufte ich mir ein Di Blasi-Moped und glaubte, damit die optimale Lösung gefunden zu haben. Ständige Reparaturen haben mir das Mopedfahren jedoch erheblich vermiest. Heute fahre ich damit noch zu Hause; auf dem Schiff möchte ich keine weitere Maschine warten. Mopeds rosten am Mittelmeer viel schneller als zu Hause. Staubige Landstraßen verstopfen den Vergaser und die Kühlrippen. Dadurch überhitzen die Mini-Mopeds viel rascher als herkömmliche Mofas. So richtig dicht sind die Tankverschlüsse auch nicht. Der Vergaser läuft aus, wenn Sie das Di Blasi auf die Seite legen. Dadurch kommt explosionsfähiges Benzin in Ihre Backskiste. Kurzum, viel Aufwand für etwas Fahrfreude.

Unterschätzen Sie auch die Versicherungsprobleme im Ausland nicht. Davor schützt Sie in Amerika auch keine grüne Versicherungskarte. Auf den Azoren fuhr ich mit meinem Di Blasi-Moped, wurde von der Polizei angehalten und mußte das Moped, trotz regulärem Versicherungs-Nummerschild, grüner Versicherungskarte und Führerschein, zum Boot zurückschieben. Klarer Kommentar des Polizisten: »Ein Spielzeug mit Motor darf bei uns nicht auf den Straßen benutzt werden.« Es geht auch anders.

Lachen Sie nicht, aber Rollschuhe fahre ich für mein Leben gern: »Schau mal, der alte Mann fährt Rollschuhe«, bekam ich neulich beim Vorbeifahren mit. Über den kilometerlangen Paseo de Maritima auf Palma de Mallorca läßt es sich zum Beispiel optimal zum Einkaufen rollen! Zwei Paar

Rollschuhe für Uschi und mich liegen in einer Schublade. Der Gegenwert ist Spaß am Rollschuhfahren, gesunde Bewegung und Geschwindigkeit. Mit Fahrradfahrern halten wir auf ebener Strecke locker mit. Rucksack nicht vergessen!

In Florida sind neben Rollschuhen Kinderroller zum Einkaufen neu entdeckt worden. Tatsächlich fährt ein Ballonroller fast ohne jede Kraftanstrengung. Eine Bremse hat er auch und zur Not kann abgesprungen werden. Amerikanische Segler binden einen Plastikkasten aufs Trittbrett und ersparen sich die Schlepperei mit den schweren Einkaufstüten. Vielleicht bastle ich mir einen zusammenklappbaren Kinderroller für den nächsten Kanadatörn zusammen. Varianten mit einem aufsetzbaren Reibrollen-Motörchen (Prinzip Velosolex) wären denkbar.

In einigen Jahren werden Fahrräder mit einem kleinen Elektroantrieb nachrüstbar sein. Die Batterien werden durch Solarzellen geladen, die wiederum als Kleiderschutz seitlich angebracht sind. Die Erfinder arbeiten fleißig daran. Der Elektromotorantrieb soll nur die Kraft zwischen dem leichten Fahren in der Ebene und dem Bergfahren ausgleichen. Mittreten muß man weiterhin, aber der Kraftaufwand ist am Berg viel geringer. Bergab werden die kleinen NC-Akkus durch Stromrückgewinnung wieder aufgeladen. Das ganze System soll für jedes Fahrrad nachrüstbar sein. Ende 1991 wird das Hercules Elektro-Fahrrad auf dem Markt sein. Fahrtensegler werden ihre Freude daran haben.

Italjet Mofa. Saubere Konstruktion, aber zu groß für eine normale Fahrtensegler-Jacht. Amerikanische Fahrtensegler kaufen sich im Winter einen kleinen Roller, wenn sie einige Monate am gleichen Ort überwintern. Honda Melody Roller auf einer 47 Fuß Jacht

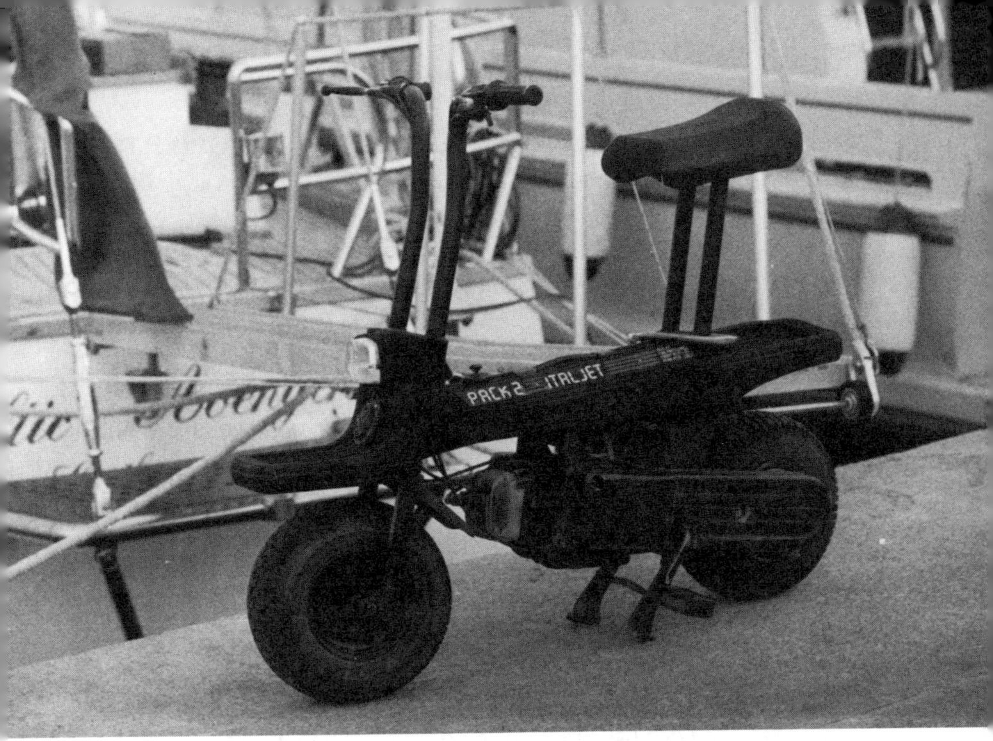
PACK 2 · ITALJET

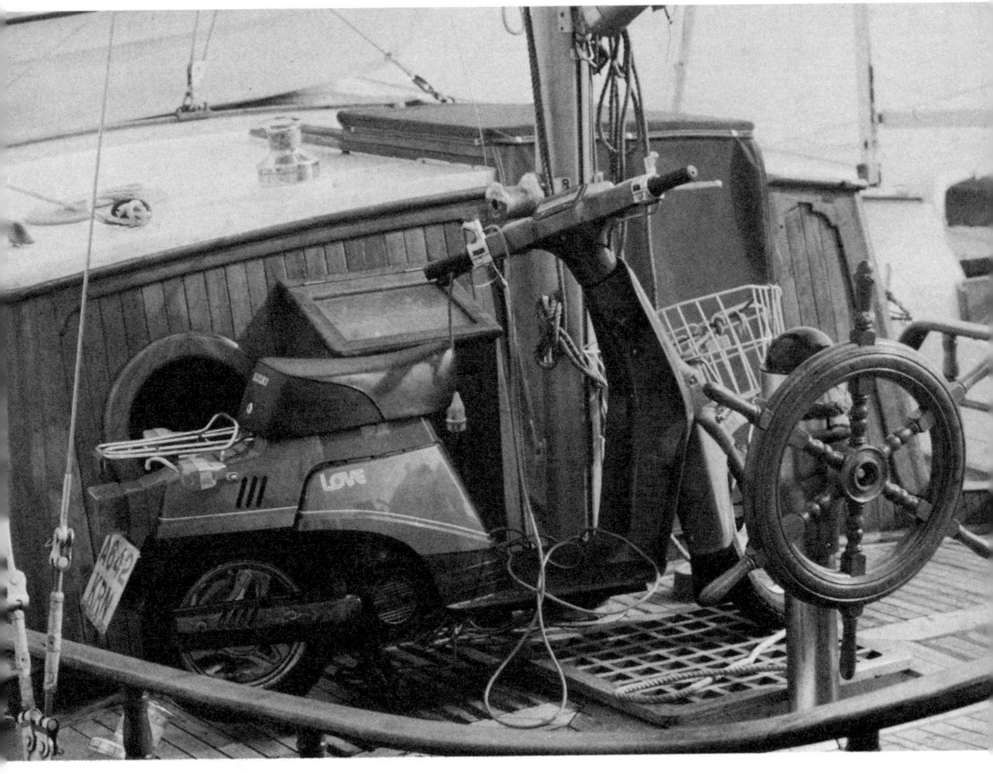
LOVE

TIPS AUS DER PRAXIS, SELBST AUSPROBIERT.

Eine Leine in der Schraube kann ich vom Beiboot aus mit einem feststehenden, scharfen Messer, das in ein Alurohr einlaminiert wurde, gut zerschneiden. Vorteil: Ich muß nicht ins kalte Wasser tauchen.

Das Unterwasserschiff reinigen ist an den tiefliegenden Stellen leichter mit einem Schaber, der an ein Alurohr mit Epoxideharz laminiert wurde. Damit läßt sich auch die Schraube vom Beiboot aus gut von Belag reinigen.

Steuerseile müssen auf einer Atlantik-Überquerung nachgestellt werden. Wird bei uns mit Rennrad-Kettenspanner vollautomatisch nachgestellt. Eigenbau.

Schmutzige Teakdecks lassen sich ohne Spezialmittel mit Zitronensäure aus der Apotheke säubern und aufhellen (1 Tasse Zitronensäure auf 20 liter Wasser).

Großfall und Dirk haben gleiche Seilstärke: 12 mm. Dadurch vermeide ich bei einem gerissenen Großfall den Aufstieg zur 12 Meter hohen Mastspitze bei schwerem Wetter. Dafür wird die Dirk als Großfall eingeschäkelt.

Segelpersenninge sind in weißer Farbe alterungsbeständiger. Bestellt man beim Segelmacher gleich zwei Satz, spart man Geld. Rabatt.

Preiswerter Einkaufen können Sie im Fachhandel, wenn Sie Mitglied in einem Segelverein sind oder sich als Segelausbilder zu erkennen geben (ca. 10% Rabatt).

Segelkarten und Fachbücher sind steuerlich absetzbar, wenn Sie einen Lehrberuf oder schreibenden Beruf ausüben.

Ein Teppich im Boot muß Badezimmerqualität besitzen. Damit ist er 100 prozentig wasserfest und modert nicht. Vollkunststoff. Eignet sich auch als Kojenwandauskleidung.

Die preiswertesten gebrauchten Schiffe bekommen Sie im Herbst und Winter am Mittelmeer, bevor die Boote ins Winterlager kommen. Wenn Sie Zeit haben, sollten Sie es auch in Malta, Athen, Palma de Mallorca und Gibraltar versuchen. Dort gibt es viele »gestrandete« Aussteigerjachten zu kaufen.

Ohne Seekrankheit und absolut kostenlos können Sie viele Jahre auf den europäischen Kanälen auch mit dem Segelboot verbringen. Die französischen Kanäle sind 8.000 Kilometer lang und die schönsten. 25.000 Fluß- und Kanalkilometer gibt es in Mitteleuropa.

Werkzeuge rosten an der Seeluft. WD-40 Sprühmittel verhindert das Rosten, wenn das Werkzeug in luftdichte Plastikkästen verpackt wird. Auch Ersatzteile halten so länger.

Dichtungen für Pumpen am Motor etc., auch Membrane, können aus Dichtungspapier und Gummi selbst zugeschnitten werden. Das spart Geld. Tapetenmesser und Stanzeisen benutzen.

Öl- und Dieselfilterpatronen sind beim Autohandel viel preiswerter als beim Schiffsausrüster.

Zugschalter von Bosch mit der NATO-Norm sind die besten und preiswertesten Schalter. Kennummer 0 340 006 012.

Kabelstecker sind in der NATO-Norm messingversilbert. Das ist besser als verzinkt oder nur vermessingt. (im Bosch-Großhandel erhältlich).

Ersatzregler von Bosch passen an alle Lichtmaschinen! Typ Bosch-Universal-Regler 0 192 062 003 (Minus an Masse).

Prüflampe ist gut für die Bordelektrik, aber ein Piepser ist besser (Autozubehörladen).

Reserveanlasser und Lichtmaschine plus Universalregler sind auf Langfahrt notwendig. Schrottplätze abklappern. Beim Anlasser muß die Ritzelzahl stimmen, je nach Fabrikationsort/Land bei gleichen Motortypen unterschiedlich. Z. B. Perkins Amerika 12 Ritzel, Perkins Spanien 13 Ritzel. Wasserdichte Anlasser werden auch bei Gabelstablern eingebaut. Dort billiger als im Bootshandel.

Mit dem *Folienschweißgerät* lassen sich alle empfindlichen Ersatzteile luft- und wasserdicht verpacken. Signalmittel, Notverpflegung, Fotokopien von Paß und Schiffspapieren werden für den Rettungscontainer eingeschweißt.

Das *Fotoblitzlicht-Gerät* und Taschenlampen sind in Folie eingeschweißt wasserdicht und preiswerter als Spezialleuchten.

Seekarten sind wasserfest, wenn sie im Zeichenbedarfsgeschäft preiswert kaschiert werden (für Rettungsinsel).

Montage-Hartschaum vom Baumarkt hält Konservendosen fest, isoliert, kann mit Glasfasergewebe verstärkt werden. Macht Beiboote mit Dinghimasten unsinkbar. Wasserfeste Sorte für Außenarbeiten kaufen, ca. 12 Mark je Dose. Reicht für 25 Liter Schaum.

Leere Plastikflaschen sind ideal als Markierungsboje für Anker, Muringstein, oder aufgeschnitten als Regenschutz über Bullauge geklemmt.

Das *Cockpit* wird zur Badewanne, wenn die Cockpit-Wannen-Auslässe geschlossen werden.

Das *Cockpit-Teakgräting* kann als Tisch umgebaut werden. An Steuersäulenhalterung befestigen.

Wasserdichte *Segelkleidung* kaufen Sie im Berufsbekleidungs-Laden viel billiger. Orangefarbenes »Modell Müllabfuhr« hat ausknöpfbares Innenfutter für kalte Nächte.

Ein wasserdichter *Biwaksack* hält Sie im Cockpit warm. Da paßt auch ein Schlafsack rein.

Bundeswehrschlafsäcke sind ideal für die Nachtwache. Können unten geöffnet werden, oben mit gefütterten Armen. Dadurch bewegungsfähig. Unter 5 Grad Celsius mit Biwacksack benutzen.

Makralon oder Hart-PVC-Glas kann mit der Stichsäge als Kartentisch für Cockpit, Regal in der Küche, Niedergangsluk, Inspektions-Sichtfenster etc. verarbeitet werden. Eigenbau von Cockpitpersenning-Sichtfenster, Glasbodenschacht für Beiboot, umgebauter Eimer mit Sichtfenster als Taucherbrillen-Ersatz, um Anker zu beobachten.

Inspektionsöffnungen an den Seitenwänden der Motorraum-Abdeckung vereinfachen die Inspektionsarbeiten am Motor. Zum Beispiel Zugang zu Ölfilter und zur Benzinpumpe, zur Entlüftung der Dieselleitung etc. Luft- und wasserdichte Deckel mit Fassung von RWO (12 Mark).

Mit *Epoxidharz* und Glasmatte kann der wassergekühlte Auspuff für einige tausend Seemeilen provisorisch gerichtet werden, wenn er gebrochen oder undicht ist. Normales Polyesterharz ist zu wenig hitzebeständig.

Ein *Schiffszubehör-Versandkatalog* ist im Ausland Gold wert. Bestellungen werden mit Verrechnungsscheck einwandfrei ausgeführt, z. B. von Niemeyer, Hohorst, Schefferling in Hamburg und Bremen. Seekartenversand auch über Bade Hornig und Eckard Messdorf, beide Hamburg (Verrechungsscheck mitschicken).

Wellen-*Drehstromlichtmaschinen* liefert Lucas Electric. Leistung 1 Ampère je Knoten Fahrt ab 3 Knoten. Beispiel: 6 Ampère bei 6 Knoten Fahrt durchs Wasser.

Lebensmittelechte *Wassertanks* aus Kunststoff werden im Campmobil-Ausrüstungsladen angeboten. Lebensmittelechte Wein- oder Mostfässer gibt es viel preiswerter im Supermarkt oder in der Getränkegroßhandlung. 50 Liter Faß für 31 Mark, 150 Liter 118 Mark.

Windgeneratoren-Selbstbau ist möglich. Motorrad-Drehstromlichtmaschine verwenden. Diese Lichtmaschinen laden schon bei 500/min. Motorseglerpropeller von Hoffmann kosten als Rohlinge unter 100 Mark. Sonst Propeller von Ultralight-Flugzeugmotor, z. B. von Fa. Hirth, Benningen /Marbach Tel.: 07144 - 6074.

Durchsichtige Filmdosen als wasserdichte Kabeldurchführungen haben sich gut bewährt. Mit Silicon-Dichtungsmasse am Kabel abdichten. Am besten hält Aquarium-Dicht.

Telegrafenmasten Seilspanner sind als Segelboot-Wantenspanner im Notfall ideal. Universelle Montage bei allen Wantenspannertypen. Preiswert ist in galvanisierter Ausführung. Entsprechend passende Seilklemmen gleich mitkaufen.

Rollreffanlage im Eigenbau ist möglich durch zwei Sätze Radlager und Naben vom Rennrad. Maximalgröße der Segel 25 qm.

Die preiswerteste *Segelbekleidung* für den Herbst gibt es in Skibasars. Skiunterwäsche ist mit teurer Segelunterwäsche identisch. Skioverall wärmt besser als gefütterter Segelanzug. Skimützen sind universeller als Segelmützen. Die Bundeswehr-Kappe wärmt am besten.

Ankerwinschen mit PVC-Pulverbeschichtung sind extrem elektrolyseempfindlich. Schicht platzt ab. Eloxierte Alugehäuse halten zehn Jahre. Pulverbeschichtung übersteht keine drei Jahre unter Langfahrt, bei der viel Gischt übers Deck weht.

Kleinkinder sind im Auto-Kindersitz auch im Segelbootcockpit ideal aufgehoben. Halterung an Rückenlehne nicht vergessen.

Altarkerzen brennen lang und sind spottbillig im Großeinkauf. Fragen Sie einen Priester nach seiner Bezugsquelle.

Natürliche Putz- und Pflegemittel statt Chemie: Schmierseife vom Drogisten ist für Kunststoffrumpf, Leder, Kunstleder, Edelstahl und Aluminium sowie alle lackierten Flächen gut als Putzmittel. Wo Hochglanz verlangt wird, hilft destillierter Alkohol, mit Wasser verdünnt, z. B. bei Spiegel, Bullaugen, Luks, Waschbecken. Trisodium Phosphate-Puder mit Wasser verdünnt (ein Teelöffel auf 3 Liter Wasser) reinigt das Teakdeck und die Bilge besser als Chemieprodukte. Cola baut Salzablagerung in der Toiletten-Mechanik ab, ohne die Kunststoffteile zu beschädigen. Cola ist auch als Rostlöser nützlich. Verrostete Schrauben über Nacht in Cola einlegen. Plexiglas kann mit Zahnpasta optimal gereinigt werden. Mit Erdnußbutter lassen sich Verunreinigungen am Gelcoat sauber auspolieren. Stark oxidierte Messingteile nur mit Messingwolle säubern. Stahlwolle zerstört die Oberfläche von Edelstahl und Messing. Reine Vaseline eignet sich für die meisten Schmiereinsätze. Ausnahme Winschen.

TEIL 6

KONTAKTADRESSEN, WICHTIGE SEGELZUBEHÖR–LIEFERANTEN

Trans Ocean Hochseesegelverein E. V.
Strichweg 48 A
2190 Cuxhafen

Ampair-Windgeneratoren
Wolfgang Kunz
Odenwaldstr. 69
6082 Walldorf

Mitsegleragentur:
Dagmar Kohlmann
Peißenbergstr. 2
8000 München 90
und andere Agenturen

Solar-Generatoren
Kybertonik GmbH
Im Klosterfeld 74
8044 Unterschleißheim
und viele andere Firmen

Informationsstelle Mittelmeer über
Kreuzer-Abteilung des Deutschen Seglerverbands
Gründgensstr. 18
2000 Hamburg 60

Schiffversicherungen für Fahrtensegler:

Fa Pantaenius
Chilehaus A
2000 Hamburg 1

Fa Manfred Falk
Kielerstr. 25
2077 Trittau

Fa. Siegfried Preuß
Lewerstr. 4
3384 Liebenburg 1

Die **Fremdenverkehrsämter** geben Auskünfte über Liegeplätze. Zollbestimmungen etc.
Konkrete Anfrage als Segler mit eigenem Boot ist empfehlenswert:

Ägypten

Ägyptisches Fremdenverkehrsamt
Kaiserstraße 64 A, 6000 Frankfurt
Telefon (0 69) 25 21 53, 25 23 19

Frankreich

Amtliches französisches Verkehrsamt
Region Korsika
Westendstraße 47, 6000 Frankfurt
Telefon (0 69) 75 20 29

Association des Ports de Plaisance
du Languedoc-Roussillon
Capitainerie, F-34300 Cap d'Agde

Vertreter in der BRD: Hanns Schmeissner
Tonhallenstraße 11, 4000 Düsseldorf 1
Telefon (02 11) 35 34 59

Griechenland

Griechische Zentrale für Fremdenverkehr
Pacellistraße 2, 8000 München 2
Telefon (0 89) 22 20 35/36

Israel

Staatliches Israelisches Verkehrsbüro
Westendstraße 4, 6000 Frankfurt
Telefon (0 69) 72 01 57

Italien

ENIT Staatliches Italienisches
Fremdenverkehrsamt, Goethestraße 20
8000 München 2, Telefon (0 89) 53 03 69

Jugoslawien

Jugoslawisches Fremdenverkehrsamt
Goetheplatz 7, 6000 Frankfurt/Main
Telefon (0 69) 28 56 85

Spanien

Spanisches Fremdenverkehrsamt
Steinweg 5, 6000 Frankfurt
Telefon (0 69) 28 27 82/83

Türkei

Türkisches Fremdenverkehrs- und
Informationsamt, Karlsplatz 3/1
8000 München 71, Telefon (0 89) 59 49 02

Tunesien

Fremdenverkehrsamt Tunesien
Am Hauptbahnhof 6, 6000 Frankfurt
Telefon (0 69) 21 18 91/92

Zypern

Fremdenverkehrszentrale Zypern
Kaiserstraße 13, 6000 Frankfurt 1
Telefon (0 69) 28 47 08

GUT GERÜSTET

Hans. G. Isenberg
Urlaub mit dem
Trailerboot
Über den richtigen Umgang mit Trailer
und Boot, grundlegende Tips für die
Bootswahl, für Gebrauchtboote,
Bootspapiere, Versicherungen usw.
und attraktive Reviere.
240 Seiten, 179 Abbildungen,
20 farbig, broschiert,
39,– Bestell-Nr. 50105

Hans G. Isenberg
Charterboot-Führer
Das Handbuch für Einsteiger und
Profis: Alles Wissenswerte über
Boots-Charter. Ein erfahrener Skipper
informiert über Verträge, Bestimmungen, Risiken, über das Leben an Bord
und nennt wertvolle Kontaktadressen.
168 Seiten, 70 Abbildungen,
20 farbig, broschiert,
32,– Bestell-Nr. 50057

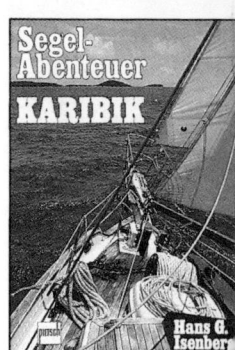

Hans G. Isenberg
Segel-Abenteuer Karibik
Erlebnisreiche Segel-Törns durch di
Karibik, von einer Insel zur anderen
Hans G. Isenberg beschreibt hier al
notwendigen Voraussetzungen, dar
ein solches Unternehmen zu einer
wahren Traumfahrt wird.
176 Seiten, 60 Abbildungen,
15 farbig, broschiert,
26,– Bestell-Nr. 50002

Jimmy Cornell
Segelrouten
der Weltmeere
Alles über Winde, Strömungen, über
regionale und saisonale Wetterbe-
dingungen in 300 wichtigen Segel-
regionen der Welt. Unverzichtbar zum
Ansteuern von Ausweichzielen bei
großen Törns. Ein Bestseller!
368 Seiten, 84 Karten, gebunden,
59,– Bestell-Nr. 50094

Lin und Larry Pardey
Fahrtensegeln von A – Z
Vorbereitung, Sicherheit und 1000
praktische Tips: Hier bieten zwei
erfahrene Skipper alles, was Langzeitsegler wissen müssen – auch
diejenigen, die den Traum vom
Aussteigen auf Zeit verwirklichen
möchten.
360 Seiten, 147 Fotos
und Zeichnungen, gebunden,
39,– Bestell-Nr. 50117

Isenberg / Korp
Bootsmotoren
Innenbord-Diesel
Wie ein unwilliger Innenbord-Diese
wieder auf Trab gebracht wird, vermittelt dieses Handbuch nach dem
bewährten »Jetzt helfe ich mir
selbst«-Konzept.
182 Seiten, 178 Abb., broschiert,
32,– Bestell-Nr. 01260

Der Verlag für Maritim-Bücher

Änderungen vorbehalten

Postfach 10 37 43 · 7000 Stuttgart 10